메이드 인 마미 3

일 년 내내 입어요!
귀여운 아이 바지 만들기

일본보그사 편 | 남궁가윤 옮김

한스미디어

Contents

작품 사진 페이지 / 만드는 법 페이지

※ 표시가 있는 작품은 만드는 과정을 사진으로 설명했습니다.

Pattern A
일자 긴바지

A-1	A-2
4쪽 / 46쪽	4·26쪽 / 44쪽

Pattern B
반바지 & 짧은 반바지

B-1   B-2
6·26쪽 / 9쪽 (Lesson)   7·27쪽 / 47쪽

Pattern C
호박 바지

C-1   C-2
12·27쪽 / 50쪽   13쪽 / 49쪽

Pattern D
니트 허리 바지

D-1   D-2   D-3 (Lesson)
14쪽 / 52쪽   14쪽 / 55쪽   16쪽 / 17쪽

Pattern E
절개 바지

E-1   E-2
20·26쪽 / 58쪽   21·27쪽 / 60쪽

Pattern F
프릴 바지

F-1
22·27쪽 / 24쪽 Lesson

F-2
23쪽 / 62쪽

Pattern G
승마 바지

G-1
27·28쪽 / 30쪽 Lesson

G-2
26·29쪽 / 64쪽

Pattern H
카고 바지

H-1
32쪽 / 66쪽

H-2
32쪽 / 35쪽 Lesson

H-3
34쪽 / 35·66쪽

바느질의 기초

기본 도구 … 40쪽

사이즈·재단 배치도·원단 필요량 … 41쪽

선세탁·재단·표시하기 … 41쪽

시접 있는 패턴 만드는 법 … 42쪽

기장을 조절하고 싶을 때 … 42쪽

접착심지 붙이는 법·되돌려박기 … 43쪽

천 가장자리 처리와 시접 넘기는 법 … 43쪽

천 맞대는 법·접는 법 … 43쪽

주름 잡는 법 … 43쪽

Pattern I
플레어 바지

I-1
38쪽 / 68쪽

I-2
39쪽 / 70쪽

※ 이 책에 실린 작품을 복제하거나 판매하는 행위는 금지합니다. 옷 만들기를 배우고 익히는 데에만 이용하시기 바랍니다.

Pattern A
일자 긴바지
90~150 size / made by toco.

A-1과 A-2는 똑같은 패턴으로 만들어요.
A-1에는 최소한의 스티치만 넣어서 더 간단히 만들 수 있고,
A-2는 안단과 장식 스티치를 넣어서 완성도를 높였지요.
바짓단을 걷어 입을 수 있도록 기장은 조금 길게 잡았습니다.

A-1 심플 스티치
How to make → 46쪽

A-2 장식 스티치
How to make → 44쪽

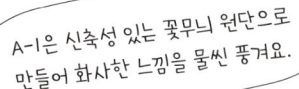

A-1은 신축성 있는 꽃무늬 원단으로 만들어 화사한 느낌을 물씬 풍겨요.

주머니가 조금 아래에 달려서 낙낙한 윗옷에 받쳐 입으면 편안하고 귀엽답니다.

다른 코디네이션은 26쪽

A-2는 민무늬 치노 클로스를 사용해서 스티치가 한층 돋보여요.

Pattern B
반바지 & 짧은 반바지
90~150size / made by enanna

B-1
반바지
Lesson → 9쪽

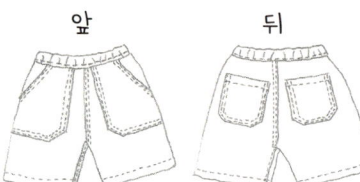

앞　　뒤

더블스티치를 넣어서 튼튼하게 마무리!

앞뒤 모두 덧붙임주머니라서 비교적 간단히 만들 수 있어요.

산뜻한 삼색 줄무늬가 봄여름에 잘 어울리지요.

다른 코디네이션은 26쪽

B-2
짧은 반바지
How to make → 47쪽

B-1의 기장을 짧게 하고 탭을 달아 사랑스러운 느낌의 짧은 반바지를 완성했어요.

부드러운 능직 리넨 원단을 사용했어요.

다른 코디네이션은 27쪽

Pattern B
반바지

90~150size/made by enanna

> 바지 만들기에 제격인 컬러 트윌 원단을 사용하여 어느 계절에나 받쳐 입기 좋아요.

B-1' 반바지

Lesson → 9쪽

※ 6쪽의 반바지를 다른 원단으로 만들었습니다.

진한 갈색 컬러 트윌 원단에 아이보리 스티치로 포인트를 주어 경쾌한 분위기를 살렸어요.

다른 코디네이션은 26쪽

Lesson 1
B-1 반바지

실물 크기 패턴 A면

B-1 → 6쪽

B-1' → 8쪽

앞·뒷주머니 모두 옷 겉면에 다는 덧붙임주머니라서 어렵지 않게 만들 수 있어요.

재료
※ 왼쪽에서부터 90 / 100 / 110 / 120 / 130 / 140 / 150 사이즈
겉감: 면 원단(6쪽: 삼색 줄무늬, 8쪽: 컬러 트윌) 110cm 폭×80 / 85 / 85 / 90 / 95 / 100 / 105cm
2cm 너비 납작 고무줄 44 / 46 / 48.5 / 51 / 54 / 56.5 / 59.5cm
접착심지 조금

완성 치수
바지 기장 28.5 / 30.5 / 33 / 35.5 / 38 / 40.5 / 43cm

재단 배치도

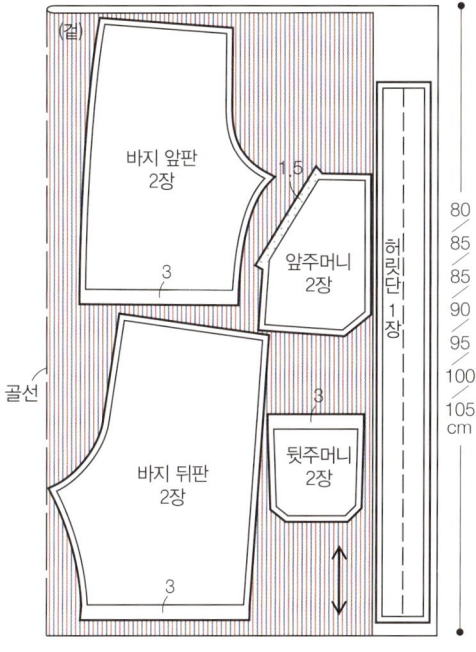

※ 원단 필요량은 위에서부터 90/100/110/120/130/140/150 사이즈
※ 정해진 곳 이외의 시접은 1cm
※ ▨ 부분은 뒤에 접착심지를 붙입니다.

1 원단 재단하기

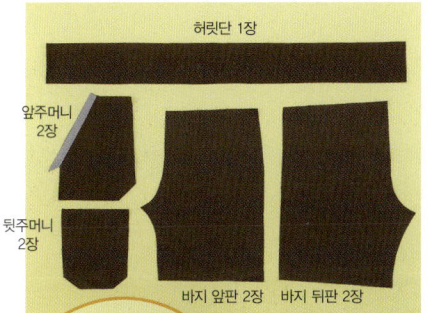

42쪽을 참조하여 시접이 있는 패턴을 만들어 원단을 마릅니다. 앞주머니 입구 시접에는 접착심지를 붙입니다.

2 표시하기

① 앞·뒷주머니 다는 자리의 모서리를 송곳으로 찔러서 표시합니다.

② 패턴을 떼어내고, 송곳 자국에 원단용 수성펜으로 점을 그려 둡니다.

3 앞주머니 달기

① 앞주머니 시접(옆선, 허리 쪽은 제외)에 지그재그 박기를 합니다.

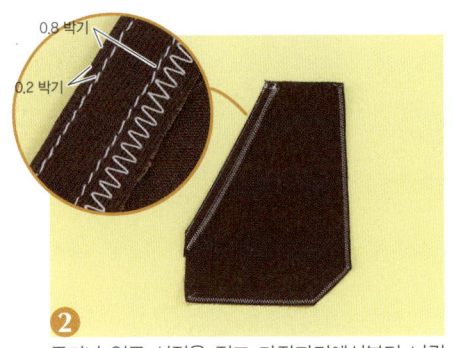

② 주머니 입구 시접을 접고 가장자리에서부터 나란히 2줄을 박습니다(더블스티치).

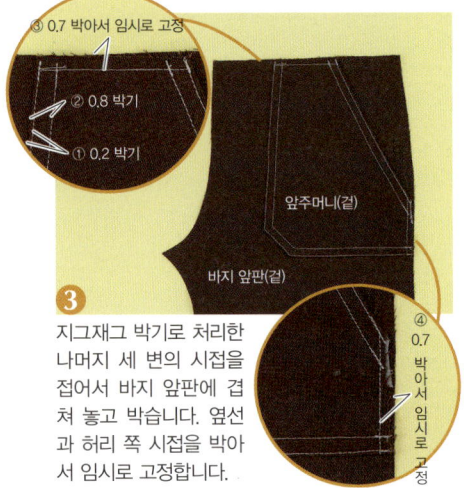

③ 지그재그 박기로 처리한 나머지 세 변의 시접을 접어서 바지 앞판에 겹쳐 놓고 박습니다. 옆선과 허리 쪽 시접을 박아서 임시로 고정합니다.

4 뒷주머니 달기

① 뒷주머니 시접(주머니 입구 제외)에 지그재그 박기를 합니다.

② 주머니 입구 시접을 1.3 → 1.7cm 너비로 2번 접어서 박습니다.

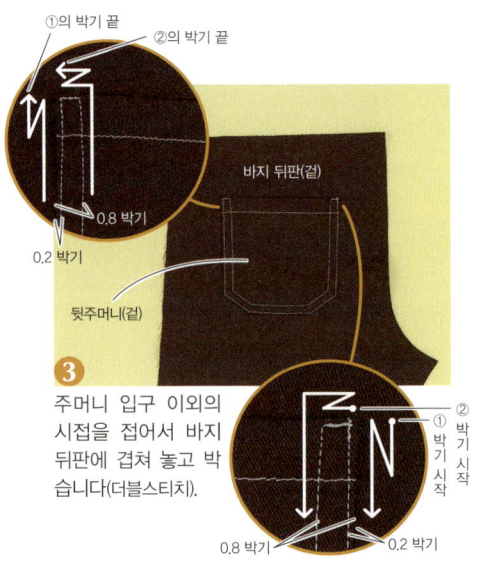

③ 주머니 입구 이외의 시접을 접어서 바지 뒤판에 겹쳐 놓고 박습니다(더블스티치).

5 바짓단 시접 접기

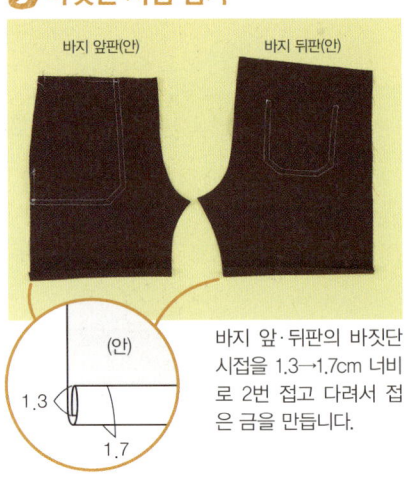

바지 앞·뒤판의 바짓단 시접을 1.3→1.7cm 너비로 2번 접고 다려서 접은 금을 만듭니다.

6 옆선 박기

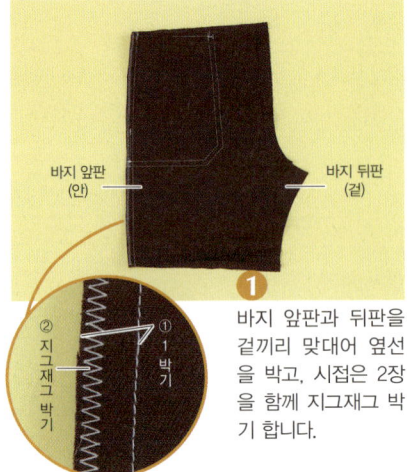

① 바지 앞판과 뒤판을 겉끼리 맞대어 옆선을 박고, 시접은 2장을 함께 지그재그 박기 합니다.

② 시접을 바지 뒤판 쪽으로 넘기고 겉에서 나란히 2줄을 박아서 시접을 눌러줍니다. 주머니 입구 아래쪽 끝을 박아서 고정합니다(되돌려박기).

7 밑아래 박기

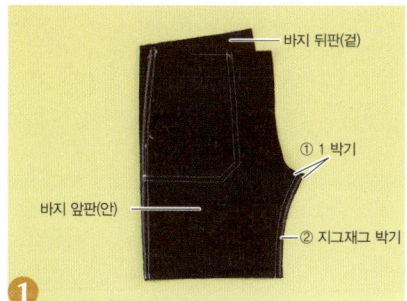

1 바지 앞판과 뒤판을 겉끼리 맞대어 밑아래를 박고, 시접은 2장 함께 지그재그 박기 합니다.

2 시접을 바지 뒤판 쪽으로 넘기고 솔기에서 0.2cm 떨어진 곳을 겉에서 박습니다 (바지 오른쪽도 같은 방법으로 만듭니다).

8 밑위 박기

1 바지 왼쪽과 오른쪽을 겉끼리 맞대고 밑위를 돌아가며 박습니다.

2 밑위 시접을 바지 왼쪽으로 넘기고 겉에서 나란히 2줄을 박아서 시접을 눌러줍니다.

9 허릿단 달기

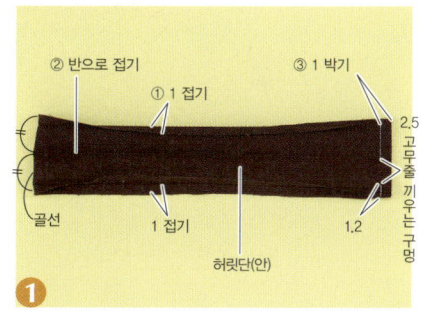

1 허릿단 시접을 접고 다시 반으로 접어서 접은 금을 낸 뒤에 양 끝을 겉끼리 맞대어 고무줄 끼우는 구멍을 남기고 박습니다.

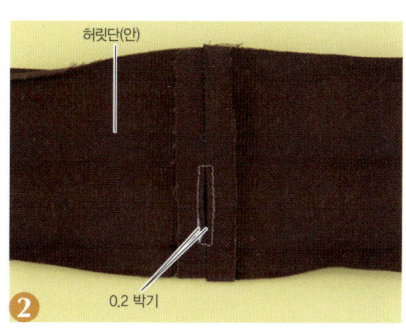

2 시접을 가른 다음 고무줄 끼우는 구멍 둘레를 박습니다.

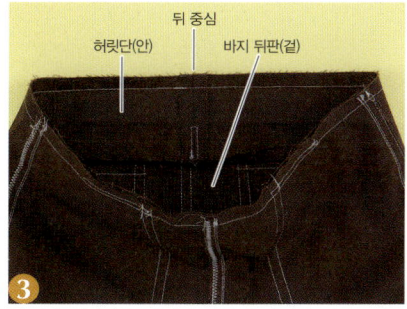

3 바지에 허릿단을 겉끼리 맞닿게 겹쳐서 허리둘레를 박습니다(고무줄 끼우는 구멍을 아래로 가게 해서 뒤 중심에 맞춥니다).

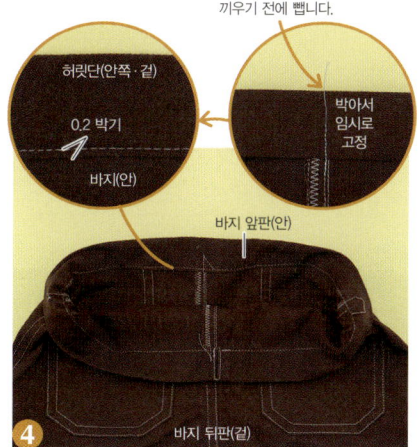

4 허릿단을 겉으로 뒤집어서 **3**의 솔기에 시접을 접은 선을 겹치고 허리둘레를 박습니다.

10 바짓단 박기와 고무줄 끼우기

바짓단을 2번 접어서 박습니다. 허리에 납작 고무줄을 끼우고 고무줄 끝을 2cm 겹쳐 박습니다.

Pattern C
호박 바지
90~130size / made by inori pattern

턱을 잡아주어 앞모습은 세련되고
뒷모습은 봉긋한
사랑스러운 호박 바지랍니다.

C-1
짧은 기장 (천 바짓단)
How to make → 50쪽

앞   뒤

C-1은 천 바짓단을 옆에서 묶어 포인트로 삼았어요.

옆선 솔기를 이용하여 주머니를 만들었어요!

다른 코디네이션은 27쪽

C-2
중간 기장 (고무줄 바짓단)
How to make → 49쪽

앞
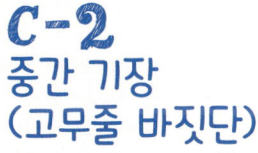

뒤
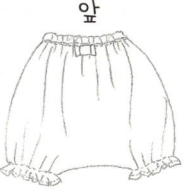

바지는 중간 길이로 하고 바짓단에는 고무줄을 넣었어요. C-1과 C-2에서 기장과 바짓단 모양을 반대로 해도 예쁘답니다.

C-2는 바짓단 둘레에 고무줄을 박아주었어요.

Pattern D

니트 허리 바지

90~130size / made by Sa-Rah

허리 부분을 니트 소재로 만들어서 착용감이 좋아요.
아이들도 계속 입고 싶어 하는 바지랍니다!

D-1
무릎 위
체크무늬 바지

How to make → 52쪽

앞

뒤

D-2
무릎 밑
히코리 바지

How to make → 55쪽

앞

뒤

바지 앞·뒤판과 허릿감 부분은
똑같은 패턴을 사용해요.

D-1은 허릿감과 바지 사이에 프릴을
달아 귀여운 느낌을 살렸어요.

D-2에는 옆주머니와 뒷주머니를
달았어요. 중간 두께의 히코리 원단을
사용해 어느 계절에나 입을 수 있답니다.

Pattern D
니트 허리 바지
90~130size / made by Sa-Rah

D-3
무릎 배색 긴바지

Lesson → 17쪽

앞   뒤

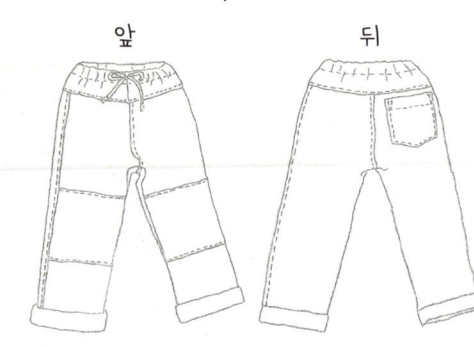

허릿감과 바지 뒤판에 니트 원단을 사용해서 입으면 무척 편해요!

바짓단을 걷어 올려 입으면 한층 멋지죠.

무릎의 배색 부분은 바지 앞판에 니트 원단을 덧대고 박아주기만 하면 된답니다.

Lesson 2
실물 크기 패턴 B면
D-3 니트 허리 & 무릎 배색 긴바지

데님과 니트 원단을 이어 만들어서 착용감이 아주 좋아요. 바늘과 실은 일반 원단용이면 OK! 가정용 재봉틀로 만들 수 있어요.

D-3 → 16쪽

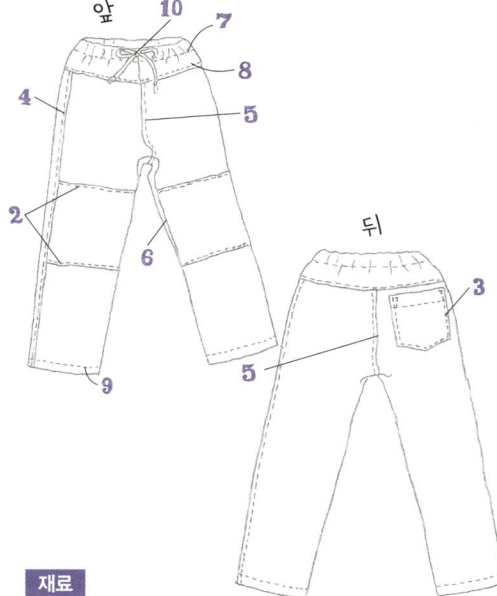

재료
※ 왼쪽부터 90 / 100 / 110 / 120 / 130 사이즈
겉감: 12온스 데님(남색)
145cm 폭×60 / 65 / 70 / 75 / 80cm
무릎 바대·바지 뒤판: 니트 누빔지 민무늬(회색)
70cm 폭×80 / 85 / 90 / 100 / 110cm
허릿감: 쭈리 민무늬(검정) 103cm 폭×20cm(공통)
0.7cm 너비 납작 고무줄 44 / 46 / 48.5 / 51 / 54cm
지름 0.6cm 둥근 끈 95 / 95 / 100 / 100 / 105cm

완성 치수
바지 기장 57 / 61 / 67 / 73 / 79cm

재단 배치도

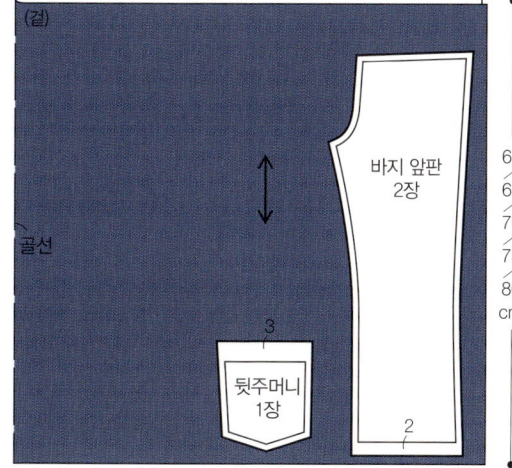

12온스 데님 — 145cm 폭
바지 앞판 2장
뒷주머니 1장
60 / 65 / 70 / 75 / 80 cm

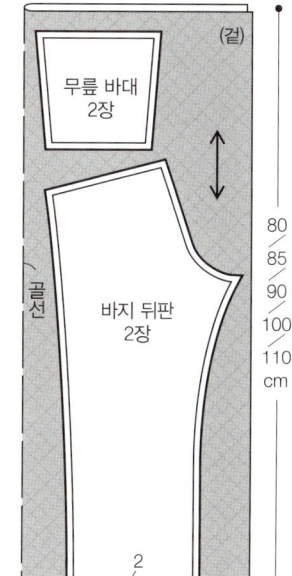

민무늬 니트 누빔지 — 70cm 폭
무릎 바대 2장
바지 뒤판 2장
80 / 85 / 90 / 100 / 110 cm

민무늬 쭈리 — 103cm 폭
허릿감 1장
20cm

※ 원단 필요량은 위에서부터 90/100/110/120/130 사이즈
※ 정해진 곳 이외의 시접은 1cm
※ 이 레슨에서는 알아보기 쉽도록 눈에 띄는 색깔의 실을 사용했습니다.

1 원단 재단하기

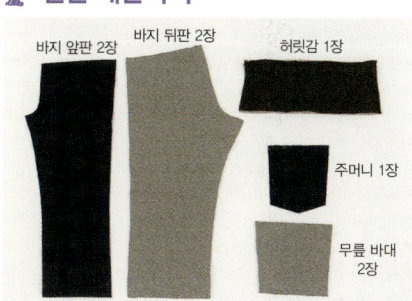

바지 앞판 2장, 바지 뒤판 2장, 허릿감 1장, 주머니 1장, 무릎 바대 2장

42쪽을 참조하여 시접 있는 패턴을 만들어서 원단을 마릅니다.

2 바지 앞판에 무릎 바대 달기

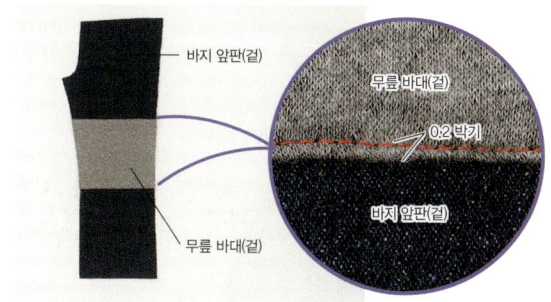

무릎 바대 위아래 시접을 접어서 바지 앞판에 겹쳐 놓고 박습니다.

3 바지 오른쪽 뒤판에 뒷주머니 달기

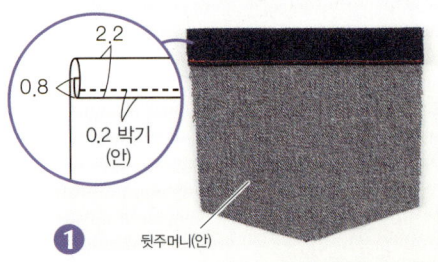

① 주머니 입구 시접을 0.8→2.2cm 너비로 2번 접어서 박습니다.

② 주머니 입구 이외의 시접을 다려서 접습니다.

③ ②를 바지 오른쪽 뒤판에 겹치고 박습니다.

4 옆선 박기

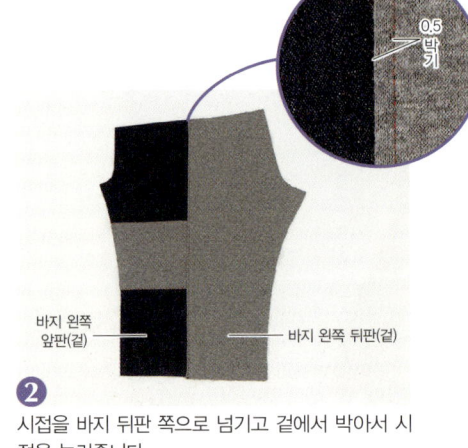
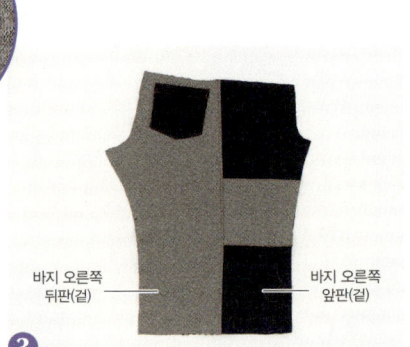

① 바지 왼쪽 앞판과 뒤판을 겉끼리 맞대어 옆선을 박고, 시접은 2장 함께 지그재그 박기 합니다.

② 시접을 바지 뒤판 쪽으로 넘기고 겉에서 박아서 시접을 눌러줍니다.

③ 바지 오른쪽 앞판과 뒤판도 ①~②와 같은 방법으로 박습니다.

5 밑위 박기

6 밑아래 박기

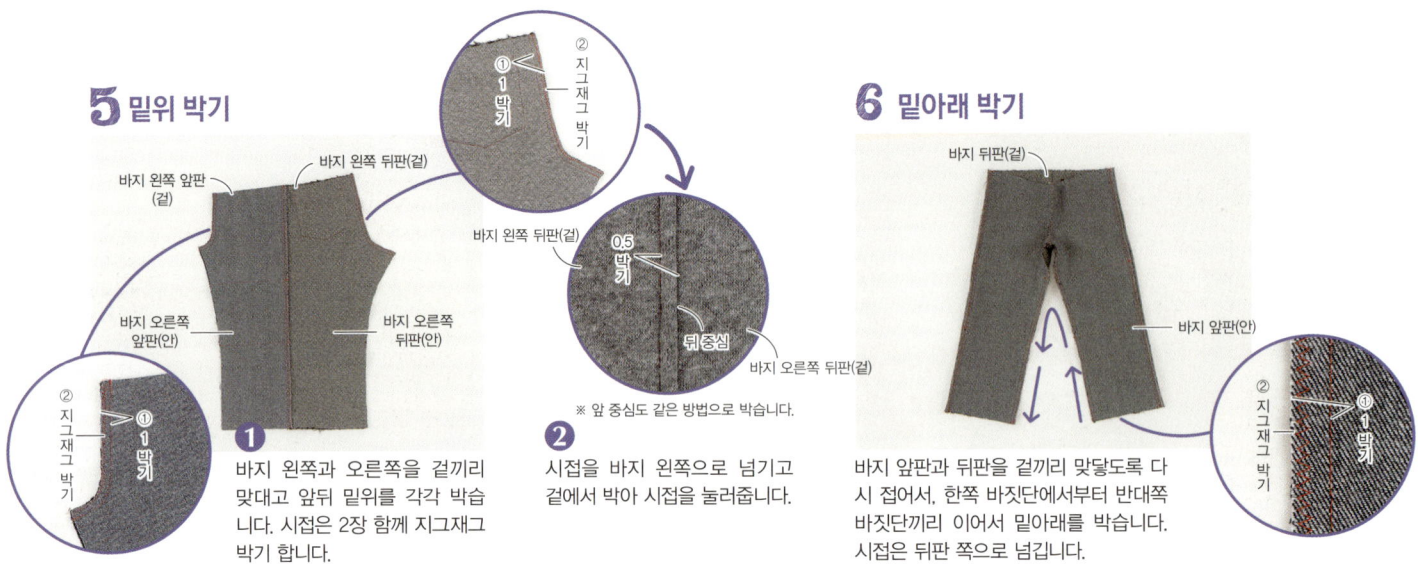

① 바지 왼쪽과 오른쪽을 겉끼리 맞대고 앞뒤 밑위를 각각 박습니다. 시접은 2장 함께 지그재그 박기 합니다.

② 시접을 바지 왼쪽으로 넘기고 겉에서 박아 시접을 눌러줍니다.
※ 앞 중심도 같은 방법으로 박습니다.

바지 앞판과 뒤판을 겉끼리 맞닿도록 다시 접어서, 한쪽 바짓단에서부터 반대쪽 바짓단끼리 이어서 밑아래를 박습니다. 시접은 뒤판 쪽으로 넘깁니다.

7 허릿감 만들기

① 허릿감의 앞 중심 시접을 지그재그 박기로 처리하고, 허릿감이 겉끼리 맞닿도록 접어서 박습니다.

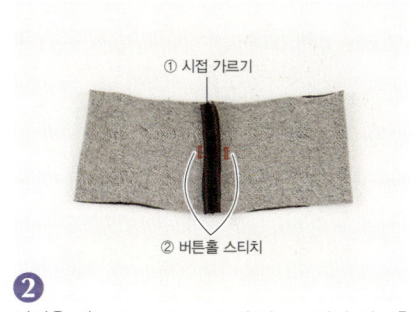

② 시접을 가르고 고무줄·끈 끼우는 구멍에 버튼홀 스티치를 합니다.

③ 버튼홀 스티치 한가운데에 실뜯개 등을 이용하여 구멍을 냅니다.

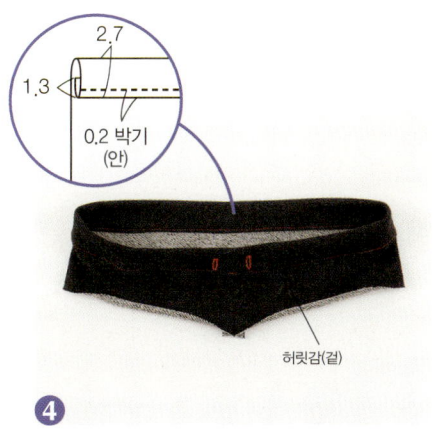

④ 허리둘레를 1.3→2.7cm 너비로 2번 접은 다음 박습니다.

8 바지에 허릿감 잇기

① 바지에 허릿감을 겉끼리 맞닿게 겹쳐서 허리둘레를 박습니다(단춧구멍 쪽을 앞 중심에 맞춥니다).

② 허릿감을 일으켜 세우고 시접을 허릿감 쪽으로 넘깁니다. 겉에서 박아서 시접을 눌러줍니다.

9 바짓단 박기

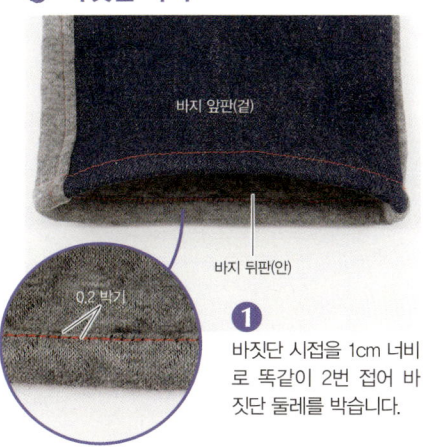

① 바짓단 시접을 1cm 너비로 똑같이 2번 접어 바짓단 둘레를 박습니다.

10 고무줄과 끈 끼우기

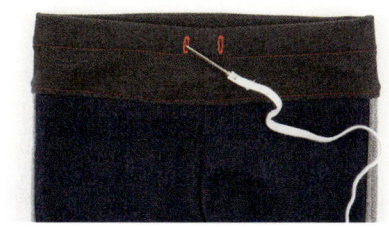

단춧구멍으로 납작 고무줄을 끼워서 양 끝을 묶고, 같은 방법으로 둥근 끈도 끼웁니다. 둥근 끈 끝을 1번 묶어줍니다.

완성

Pattern E
절개 바지

90~130size / made by COZY

허리 요크와 밑아래에
절개선을 넣은
입체적인 바지입니다.

E-1
반원 플랩(주머니 뚜껑)

How to make → 58쪽

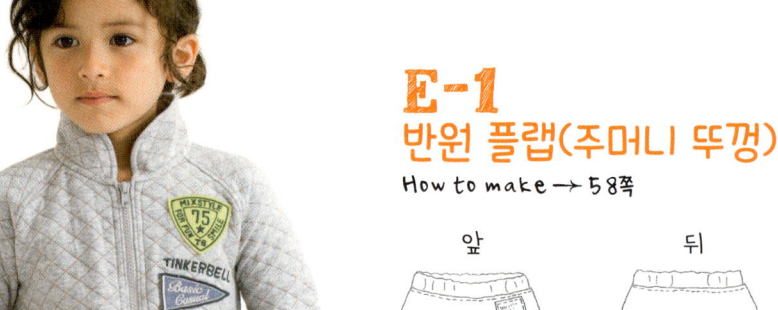

앞   뒤

남자아이용인 E-1에는 반원 모양의 장식 플랩을 달았어요.

주황색 컬러 트윌 원단이 활기차고 세련된 느낌을 주지요.

다른 코디네이션은 26쪽

E-2
리본 플랩
How to make → 60쪽

앞   뒤

E-1과 E-2의 앞쪽은 똑같은 모양이에요.

여자아이용인 E-2는 장식 플랩이 리본 모양이랍니다.

데님 소재에 줄무늬 리본을 달았더니 정말 깜찍해요!

다른 코디네이션은 27쪽

Pattern F
프릴 바지
90~130size/made by Mahoe Anela

짧은 반바지에 주름을 가득 잡은
프릴을 달아 치마처럼 풍성하여
인기 만점인 프릴 바지를 만들었어요.

앞, 옆, 뒤,
어느 쪽에서 봐도
나풀거리는 모습이
무척 귀여워요.

F-1
2단 프릴
Lesson → 24쪽

이런 식으로 스캘럽(소맷부리나 밑단에
부채꼴이나 물결 모양의 천을 댄 장식-역주)
레이스를 이용하면 프릴 끝단 처리를 할
필요가 없어요.

다른 코디네이션은 27쪽

가을과 겨울철에 잘 어울리는
코듀로이 소재가 멋져요!
얇으면서도 탄력 있는 원단이라
주름도 예쁘게 잡힌답니다.

F-2
1단 프릴

How to make → 62쪽

프릴을 1단으로 하면
조금은 차분한 분위기를
낼 수 있어요!

Lesson 3
F-1 프릴 바지 2단 프릴
실물 크기 패턴 A면

주름이 많아서 조금 어렵지만 만들어 놓으면 정말 귀여운 옷이니 끈기 있게 주름 잡기에 도전해보세요.

F-1 → 22쪽

재료
※ 왼쪽에서부터 90 / 100 / 110 / 120 / 130 사이즈
겉감: 리넨 혼방 스캘럽 레이스(아이보리)
110cm 폭×320 / 330 / 340 / 350 / 360cm
2cm 너비 납작 고무줄 43 / 45 / 48 / 51 / 55cm
지름 1.3cm 장식단추 1개

재단 배치도
※ 스캘럽 레이스를 사용할 때(민무늬 원단이나 전체 무늬 원단을 사용할 때에는 62쪽과 같은 방법으로 패턴을 90도 회전시키고 밑단 시접을 1cm로 하여 재단합니다.

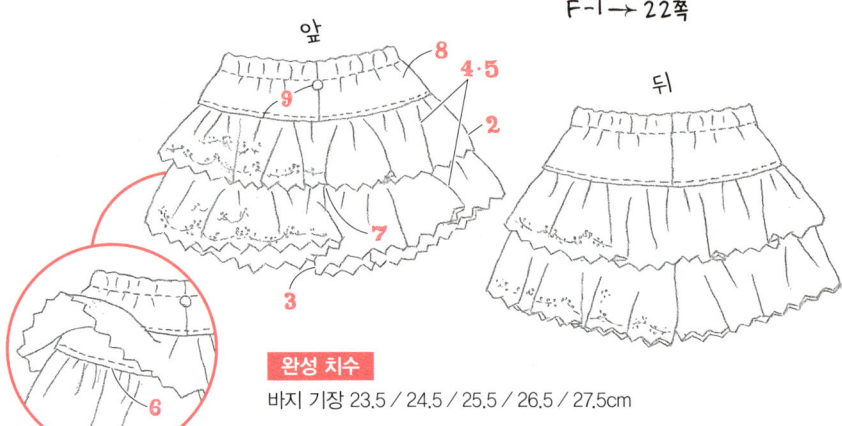

완성 치수
바지 기장 23.5 / 24.5 / 25.5 / 26.5 / 27.5cm

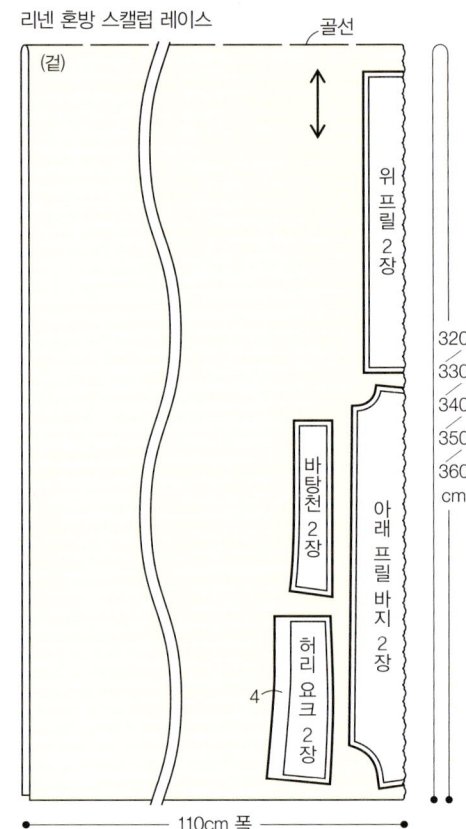

※ 원단 필요량은 위에서부터 90/100/110/120/130 사이즈
※ 정해진 곳 이외의 시접은 1cm
※ 이 레슨에서는 알아보기 쉽도록 각 부분의 원단 무늬를 다르게 하고 눈에 띄는 색깔 실을 사용했습니다.

1 원단 재단하기
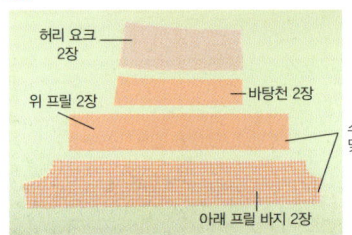

42쪽을 참조하여 시접이 있는 패턴을 만들어서 원단을 마릅니다. 패턴의 맞춤점도 잊지 말고 옮겨 그리세요.

2 위 프릴의 옆선 박기
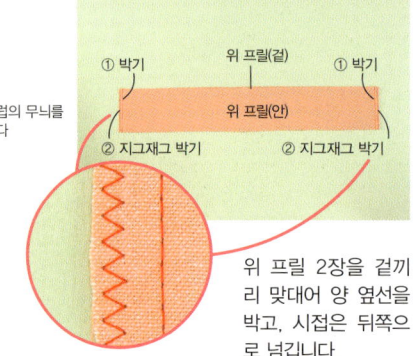

위 프릴 2장을 겉끼리 맞대어 양 옆선을 박고, 시접은 뒤쪽으로 넘깁니다.

3 아래 프릴 바지의 밑아래 박기
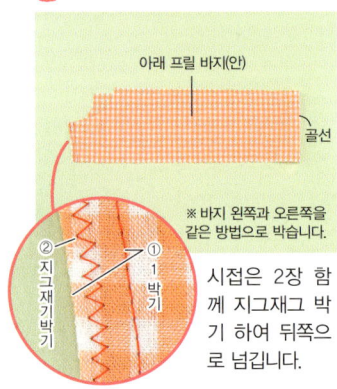

시접은 2장 함께 지그재그 박기 하여 뒤쪽으로 넘깁니다.

4 위·아래 프릴에 주름 잡기용 박음질하기
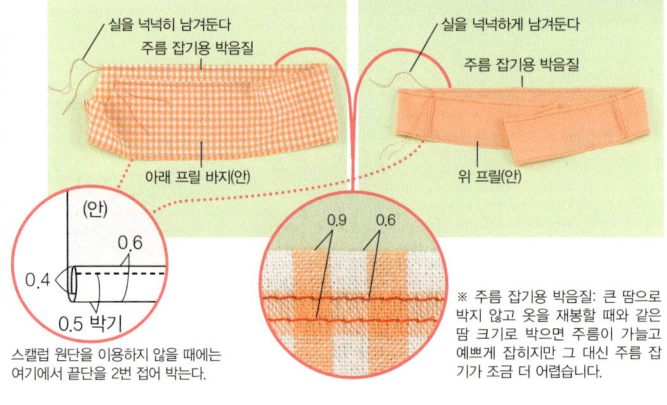

※ 주름 잡기용 박음질: 큰 땀으로 박지 않고 옷을 재봉할 때와 같은 땀 크기로 박으면 주름이 가늘고 예쁘게 잡히지만 그 대신 주름 잡기가 조금 더 어렵습니다.

스캘럽 원단을 이용하지 않을 때에는 여기에서 끝단을 2번 접어 박는다.

5 주름 잡기

윗실을 2줄 함께 잡고 천을 조금씩 밀어내면서 주름을 잡습니다.

6 아래 프릴 바지와 바탕천 잇기

위 프릴은 약 33 / 34.5 / 36 / 37.5 / 39cm의 고리가 되도록, 아래 프릴 바지는 시접을 제외하고 약 34 / 35.5 / 37 / 38.5 / 40cm가 되도록 주름을 잡습니다.

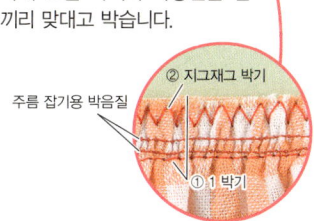

① 아래 프릴 바지와 바탕천을 겉끼리 맞대고 박습니다.

② 시접을 바탕천 쪽으로 넘기고 겉에서 박아 시접을 눌러줍니다.

※ 다른 한쪽 바지도 같은 방법으로 박습니다.

7 밑위 박기

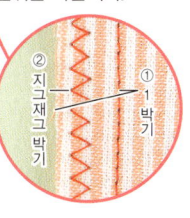

바지 왼쪽과 오른쪽을 겉끼리 맞대고 밑위를 박습니다.

8 허리 요크 만들기

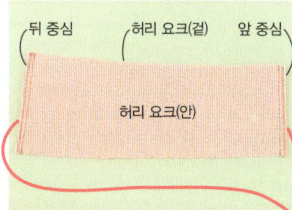
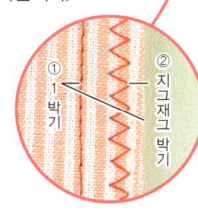
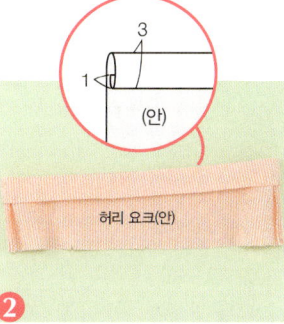

① 허리 요크 2장을 겉끼리 맞대고 앞뒤 중심을 박습니다.

② 허리 시접을 2번 접고 다려서 접은 금을 만들어둡니다.

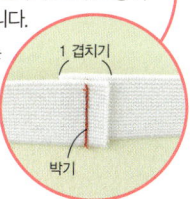

③ 납작 고무줄을 재료의 치수(시접 포함)대로 잘라서 고리 모양이 되도록 박습니다.

※ 고무줄 치수는 아이에게 맞추어 조절합니다.

point! 박는 부분이 똑바른 모양이 되도록 천을 잡아주면서 박아요.

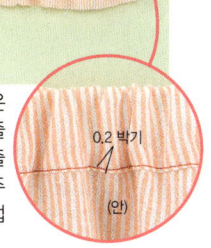

④ ②에서 2번 접은 부분 안에 고무줄을 끼우고, 고무줄은 박지 않도록 주의하며 시접을 접은 선을 박습니다.

9 위 프릴을 7과 8 사이에 끼워서 박기

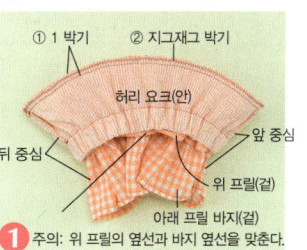

① 주의: 위 프릴의 옆선과 바지 옆선을 맞춘다.

겉으로 뒤집은 바지(바탕천 쪽)와 허리 요크를 겉끼리 맞대고, 위 프릴을 사이에 끼워서 3장을 함께 박습니다.

② 허리 요크를 겉으로 뒤집고 시접을 허리 요크 쪽으로 넘깁니다. 겉에서 박아서 시접을 눌러줍니다.

완성

Pattern G
승마 바지

90~150size/made by muni

움직이기 편하고
착용감 좋은 니트 원단으로
승마 바지를 만들었어요.

니트 원단이지만 투박하지 않은
깔끔한 실루엣이 매력이에요.

G-1
7부

Lesson → 30쪽

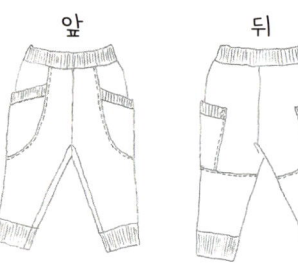

조금 도톰한 쭈리
원단을 사용했어요.

7부로도 입을 수 있고,
바지 고무단을 무릎 밑까지
올려 입어도 예뻐요.

다른 코디네이션은 27쪽

G-2
긴바지
How to make → 64쪽

앞　　뒤

부드러운 슬러브 쭈리를 사용했어요.

G-1의 기장을 길게 하고 주머니를 변형했어요. 바지통은 몸에 붙고 주머니만 헐렁하게 늘어지는 디자인이에요.

주머니 앞쪽에 턱을 넣어서 자연스럽게 주름지도록 했습니다.

다른 코디네이션은 26쪽

Lesson 4
G-1 승마 바지 (7부)
실물 크기 패턴 C면

가정용 재봉틀로도 만들 수 있는 니트 원단 바지예요. 허리와 주머니 입구, 바짓부리에는 가는 고무줄을 넣어서 짠 신축성 좋은 스판 리브 원단을 사용합니다.

재료
※ 왼쪽에서부터 90 / 100 / 110 / 120 / 130 / 140 / 150 사이즈
겉감: 쭈리(멜란지 그레이) 155cm 폭×65 / 70 / 75 / 80 / 85 / 90 / 95cm
별도 천: 스판 리브(멜란지 그레이) 42cm W폭×40cm(공통)
2cm 너비 납작 고무줄 44 / 46 / 48.5 / 51 / 54 / 56.5 / 59.5cm
※ 니트용 재봉틀 바늘과 니트용 재봉실을 사용합니다.

완성 치수 바지 기장 약 44.5 / 48.5 / 54.5 / 60.5 / 67 / 73 / 79cm

재단 배치도

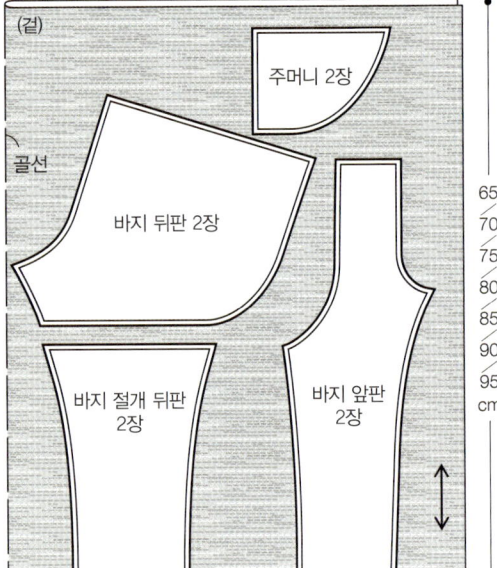

※ 이 레슨에서는 알아보기 쉽도록 눈에 띄는 색깔 실을 사용했습니다.

※ 원단 필요량은 위에서부터 90/100/110/120/130/140/150 사이즈
※ 시접은 1cm

G-1 → 28쪽

1 주머니 만들기

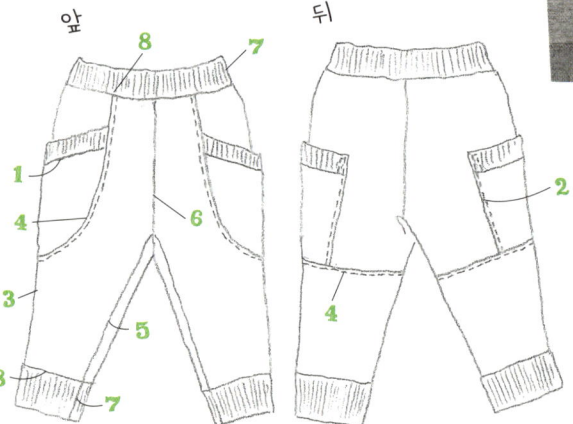

① 주머니 겉에 반으로 접은 주머니 입구 고무단을 살짝 늘리며 박아줍니다.
② 주머니의 뒤 중심 쪽 시접을 접습니다.

2 바지 뒤판에 주머니 달기

① 바지 뒤판에 주머니를 겹쳐 놓고 시침핀으로 고정합니다.
② 뒤 중심 쪽 직선을 박습니다. 주머니 입구 모서리는 네모꼴로 박아서 보강해줍니다.
※ 다른 쪽 바지도 같은 방법으로 만듭니다.

3 바지 앞판에 바지 절개 뒤판 잇기

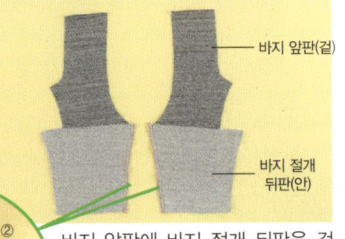

바지 앞판에 바지 절개 뒤판을 겉끼리 맞닿게 겹치고 옆선을 박습니다. 시접은 2장 함께 지그재그 박기 하여 뒤판 쪽으로 넘깁니다.

4 바지 앞·뒤판 잇기

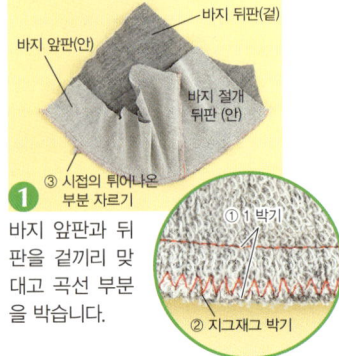

① 바지 앞판과 뒤판을 겉끼리 맞대고 곡선 부분을 박습니다.
③ 시접의 튀어나온 부분 자르기

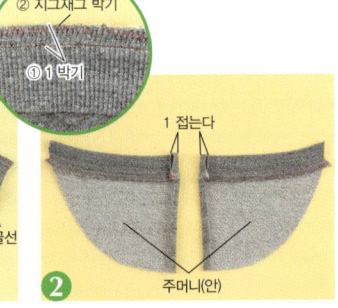

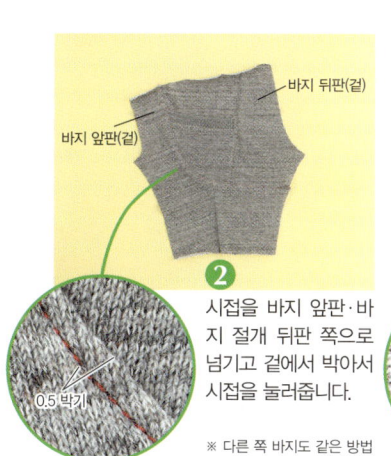
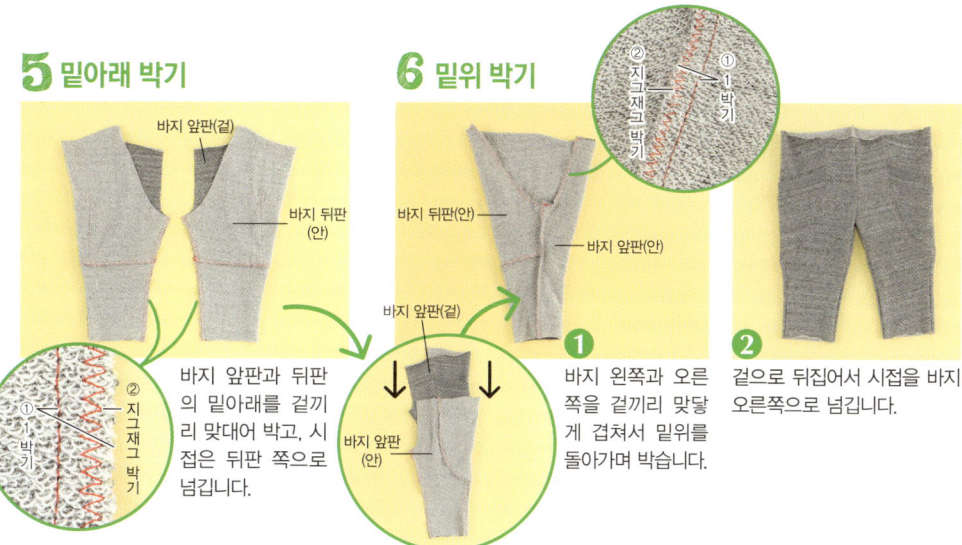

5 밑아래 박기
6 밑위 박기

❷ 시접을 바지 앞판·바지 절개 뒤판 쪽으로 넘기고 겉에서 박아서 시접을 눌러줍니다.
※ 다른 쪽 바지도 같은 방법으로 만듭니다.

바지 앞판과 뒤판의 밑아래를 겉끼리 맞대어 박고, 시접은 뒤판 쪽으로 넘깁니다.

❶ 바지 왼쪽과 오른쪽을 겉끼리 맞닿게 겹쳐서 밑위를 돌아가며 박습니다.

❷ 겉으로 뒤집어서 시접을 바지 오른쪽으로 넘깁니다.

7 고무단을 고리 모양으로 박기
8 바지 고무단 달기
9 허리 고무단 달기

❶ 허리 고무단과 바지 고무단의 양 끝을 겉끼리 맞대고 고리 모양이 되도록 박습니다.

❷ ❶의 시접을 가르고, 고무단을 안끼리 맞닿게 반으로 접습니다.
고무단을 살짝 늘리며 박습니다.

바지 몸판의 바짓단에 바지 고무단을 달아줍니다. 솔기는 밑아래 쪽에 맞춥니다.

❶ 납작 고무줄을 재료의 치수에 시접을 더해서 자르고 고리 모양이 되도록 박습니다.
※ 고무줄 길이는 아이 치수에 맞추어 조절합니다.

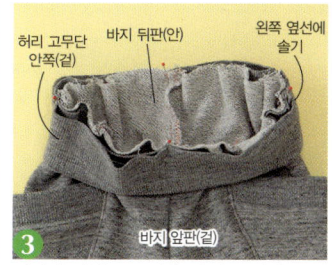

완성

❷ 7-❷에서 반으로 접은 허리 고무단 안에 납작 고무줄을 넣습니다.

❸ 바지에 허리 고무단을 겹치고 앞뒤 중심과 양 옆선을 시침핀을 사용해 임시로 고정합니다.

❹ 허리 고무단을 살짝 늘리면서 허리 둘레를 박습니다.

❺ 허리 고무단 시접을 바지 쪽으로 넘기고, 고무줄을 위쪽 끝으로 올린 뒤에 양 옆선의 고무줄 부분을 박아서 고정합니다.

Pattern H
카고 바지
90~150 size / made by amie-poche

기본적인 디자인으로 만든 카고 바지예요.
H-1의 바짓단을 빼면 만드는 방법은 모두 같고,
바지 앞·뒤판 패턴만 조금씩 다릅니다.

H-1
7부
(바짓단 변형)
How to make → 66쪽

앞 
뒤

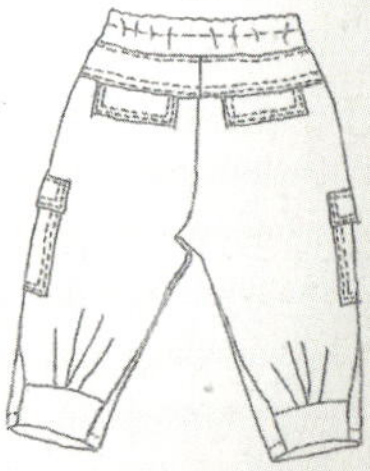

H-2
5부
Lesson → 35쪽

앞 
뒤

플랩을 다는 디자인이니 시접이 지나치게 두꺼워지지 않도록 얇거나 두껍지 않은 원단으로 만드세요.

스티치 실을 원단과 비슷한 색을 쓰는지 눈에 띄는 색을 쓰는지에 따라 느낌이 확 달라져요.

H-1은 앞 바짓단만 2번 접어 박고, 뒤 바짓단은 턱을 접은 뒤에 바지 고무단으로 처리했어요.

바짓단의 턱이 귀여워요.

Pattern H

카고 바지
90~150 size / made by amie-poche

카고 바지는 세련되어 보이는 긴바지로 만들어도 멋지답니다.

데님 소재여서 폭넓게 코디할 수 있어요.

H-3 긴바지
Lesson → P35

※ 재료와 재단 배치도는 66쪽을 참조

앞
뒤

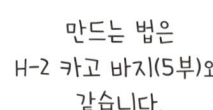

만드는 법은 H-2 카고 바지(5부)와 같습니다.

Lesson 5

실물 크기 패턴 D면

H-2 카고 바지 (5부)

앞주머니, 옆주머니도 있고 플랩도 있어서 만들 때 손은 많이 가지만 노력한 만큼 완성하고 나면 만족스러운 바지랍니다.

재료
※ 왼쪽에서부터 90 / 100 / 110 / 120 / 130 / 140 / 150 사이즈
H-2 겉감: 면 개버딘(카키색) 105cm 폭×80 / 80 / 90 / 100 / 110 / 120 / 130cm
0.5~1cm 너비 납작 고무줄 44 / 46 / 48.5 / 51 / 54 / 57 / 59.5cm 2줄

완성 치수
바지 기장 약 35.7 / 37 / 39.5 / 42 / 44.5 / 47 / 49.5cm

H-3 → 34쪽

H-3 긴바지도 같은 방법으로 만들 수 있습니다. 재료, 재단 배치도, 완성 치수는 66쪽을 참조하세요.

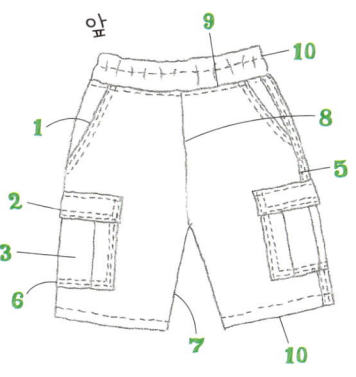
앞

뒤

재단 배치도 면 개버딘

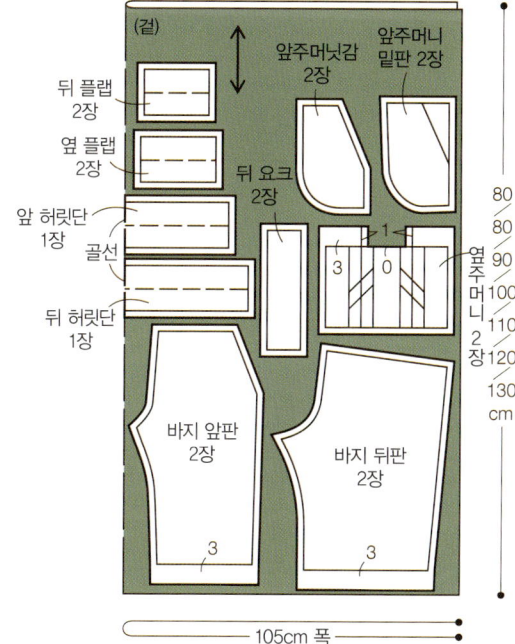

※ 원단 필요량은 위에서부터 90/100/110/120/130/140/150 사이즈
※ 정해진 곳 이외의 시접은 1cm
※ 이 레슨에서는 알아보기 쉽도록 원단을 바꾸고 눈에 띄는 색깔 실을 사용했습니다.

1 앞주머니 달기

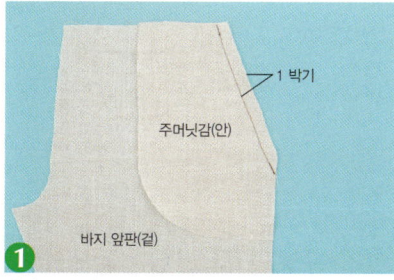

① 바지 앞판에 주머닛감을 겉끼리 맞닿게 겹친 다음 주머니 입구를 박습니다.

② 주머닛감을 안쪽으로 넘기고 주머니 입구 가장자리에서부터 나란히 2줄을 박아줍니다(더블스티치).

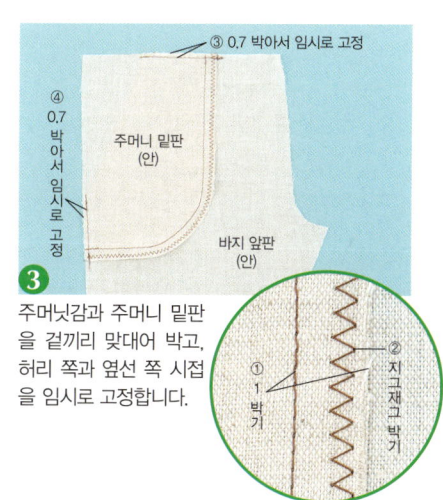

③ 주머닛감과 주머니 밑판을 겉끼리 맞대어 박고, 허리 쪽과 옆선 쪽 시접을 임시로 고정합니다.

2 플랩 만들기

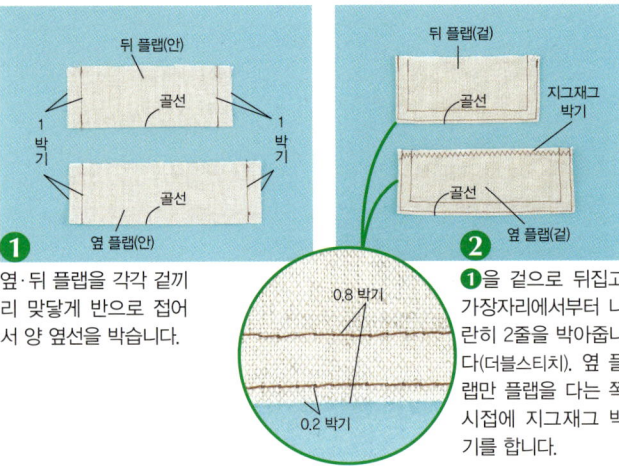

1 옆·뒤 플랩을 각각 겉끼리 맞닿게 반으로 접어서 양 옆선을 박습니다.

2 ①을 겉으로 뒤집고 가장자리에서부터 나란히 2줄을 박아줍니다(더블스티치). 옆 플랩만 플랩을 다는 쪽 시접에 지그재그 박기를 합니다.

3 옆주머니 만들기

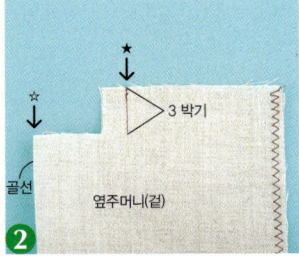

1 주머니 입구 이외의 시접에 지그재그 박기를 하고, 다려서 턱의 접은 금을 만들어둡니다.

2 ☆선에서 안끼리 맞닿게 반으로 접고, ★선을 위에서부터 3cm 내려온 지점까지 박습니다.

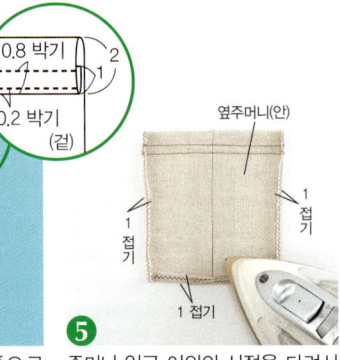

3 다려서 턱을 접고 시침핀으로 고정합니다.

4 주머니 입구 시접을 겉쪽으로 1→2cm 너비로 2번 접고 2줄을 나란히 박아줍니다.

5 주머니 입구 이외의 시접을 다려서 접은 금을 만들어둡니다.

4 바지 뒤판 만들기

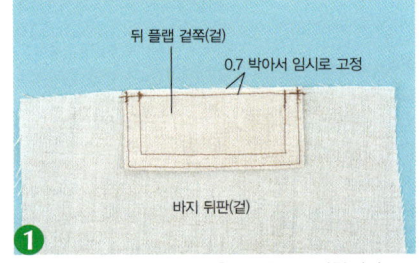

1 바지 뒤판 시접에 뒤 플랩을 임시로 고정합니다.

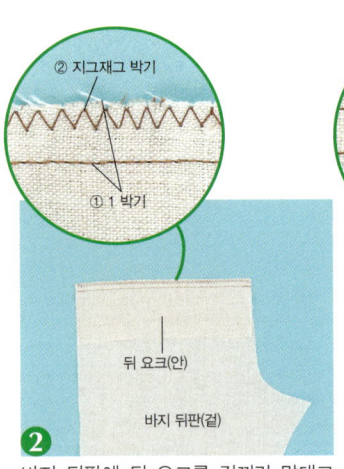
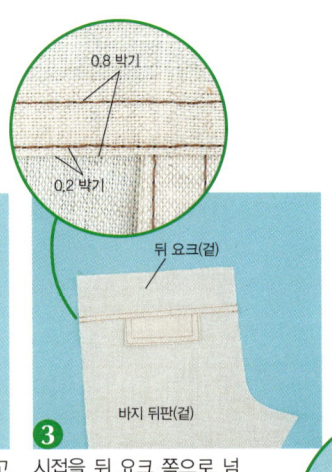

2 바지 뒤판에 뒤 요크를 겉끼리 맞대고 박습니다.

3 시접을 뒤 요크 쪽으로 넘기고, 겉에서 나란히 2줄을 박아서 시접을 눌러줍니다.

5 바지 앞·뒤판 옆선 박기

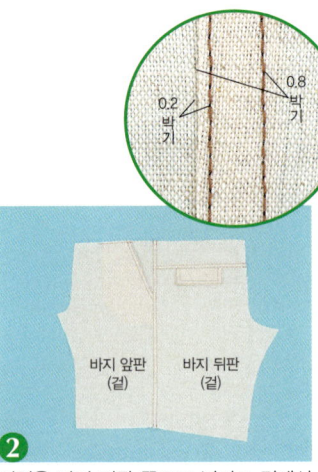

1 바지 앞판과 뒤판을 겉끼리 맞대고 옆선을 박습니다.

2 시접을 바지 뒤판 쪽으로 넘기고 겉에서 나란히 2줄을 박아 시접을 눌러줍니다.

※ 다른 쪽 바지도 같은 방법으로 박습니다.

6 옆주머니 달기

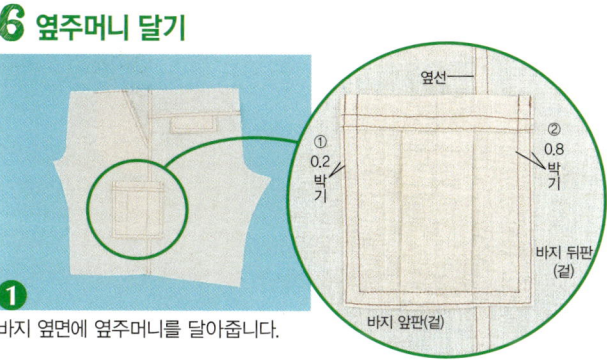

1 바지 옆면에 옆주머니를 달아줍니다.

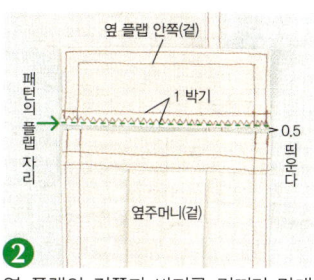

2 옆 플랩의 겉쪽과 바지를 겉끼리 맞대고, 시접 가장자리를 패턴의 플랩 자리에 맞춰서 박습니다.

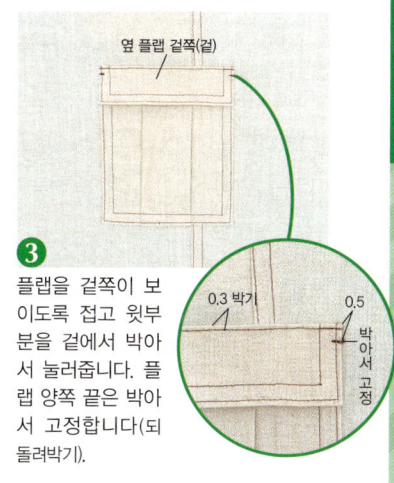

3 플랩을 겉쪽이 보이도록 접고 윗부분을 겉에서 박아서 눌러줍니다. 플랩 양쪽 끝은 박아서 고정합니다(되돌려박기).

7 밑아래 박기

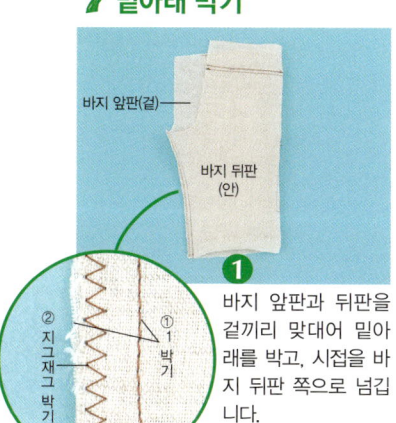

1 바지 앞판과 뒤판을 겉끼리 맞대어 밑아래를 박고, 시접을 바지 뒤판 쪽으로 넘깁니다.

2 바지 왼쪽과 오른쪽을 겉면끼리 맞댑니다.

※ 다른 쪽 바지도 같은 방법으로 박습니다.

8 밑위 박기

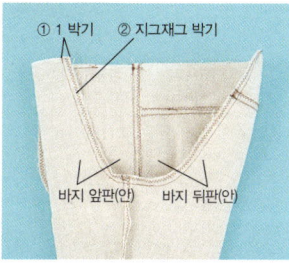

밑위를 돌아가며 박고 시접은 왼쪽으로 넘깁니다.

9 허릿단 달기

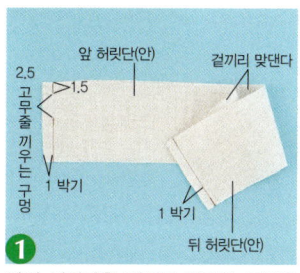

1 앞뒤 허릿단을 겉끼리 맞대어 고무줄 끼우는 구멍을 남기고 양 옆선을 박습니다.

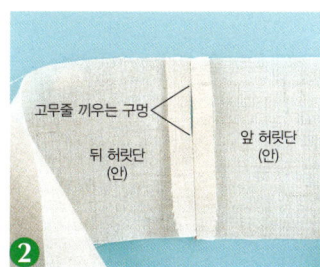

2 시접을 가릅니다.

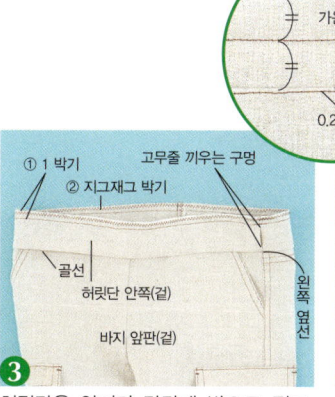

3 허릿단을 안끼리 맞닿게 반으로 접고, 바지와 허릿단 겉쪽을 겉끼리 맞대어 허리둘레를 박습니다. 시접은 3장 함께 지그재그 박기 합니다.

4 허릿단을 겉으로 뒤집어서 시접을 바지 쪽으로 넘기고, 겉에서 박아 시접을 눌러줍니다. 허릿단 가운데를 박습니다.

10 바짓단 박기와 고무줄 끼우기

바짓단을 2번 접어서 박습니다. 허리에 납작 고무줄을 1줄씩 끼우고 고무줄 끝을 1cm 겹쳐서 박아줍니다 (25쪽 참조).

Pattern I

플레어 바지

90~130size / made by Candy Floss

치마처럼 보이는 플레어 바지입니다.
뒤에 리본도 달아서
사랑스러운 느낌을 한껏 살렸어요.

치마와 같은 천으로 만든
큼직한 리본도 포인트!

I-1 주머니 장식

How to make → 68쪽

앞
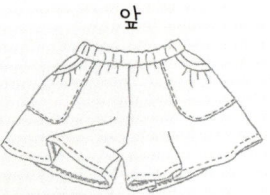

뒤

I-1은 주름 잡은 주머니가
달려 있어요.

바지 몸판과 리본은 연한 파랑 체크무늬!

바지 위에 주름을 가득 잡은 연한 파랑 오건디를 겹쳐주었어요.

I-1의 주머니를 없애고 광택 있는 오건디를 겹쳐서 만들었어요.

I-2
오건디 덧치마
How to make → 70쪽

앞

뒤

시작하기 전에 확인해두세요!

바느질의 기초

기본 도구

패턴지
패턴을 옮겨 그릴 때 사용하는 큰 사이즈의 비치는 종이입니다.

문진
재단할 때 원단과 패턴을 눌러주는 도구입니다. 시침핀 대용으로 사용합니다.

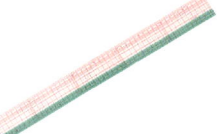
자
격자 모양으로 선이 그려진 것이 사용하기 편입니다.

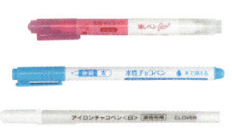
원단용 수성펜
맞춤점이나 각 부분을 표시할 때 사용합니다.

원단용 먹지
룰렛을 이용하여 원단에 표시합니다.

가위
쪽가위와 재단 가위입니다. 용도에 따라 구분하여 사용합니다.

시침핀·손바느질용 바늘
시침핀은 천끼리 임시로 고정할 때 사용하고, 손바느질용 바늘은 단추를 달 때 사용합니다.

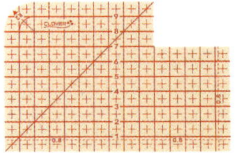
다리미 시접자
시접을 다려서 접은 금을 낼 때 편리한 도구입니다.

줄자
치수를 재거나 끈이나 고무줄 길이를 잴 때 사용합니다.

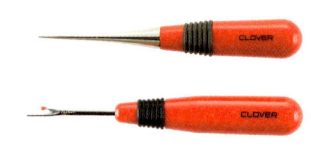
송곳·실뜯개
천에 표시하거나 솔기를 뜯을 때 사용합니다(9·19쪽 참조).

끈 끼우개
안전핀을 대신 사용해도 되지만 전용 도구를 쓰면 효율적입니다.

납작 고무줄
다양한 너비가 있으며, 길이는 아이 치수에 맞춰서 조절합니다.

접착심지
천 뒷면에 다리미로 다려서 붙이면 원단에 탄력이 생기며 천을 보강하는 목적으로도 사용합니다.

늘어남 방지 접착테이프
주머니 입구 시접 등에 붙입니다. 접착심지를 잘라서 써도 좋습니다.

시침질용 실
시침핀만으로는 바느질이 어긋날 우려가 있는 부분에는 시침실로 시침질을 해둡니다.

재봉실과 재봉틀 바늘

아래 표를 참고하여 원단에 맞는 재봉실과 재봉틀 바늘을 사용합니다. 재봉실은 번호가 클수록 가늘어지고, 재봉틀 바늘은 반대로 번호가 클수록 굵어집니다. 재봉실은 윗실과 밑실을 모두 같은 번호로 사용하는 것이 기본입니다. 니트 원단을 바느질할 때에는 신축성 있는 니트용 재봉실과 바늘 끝이 뭉툭한 니트 전용 재봉틀 바늘을 사용합니다.

천 종류	재봉실	재봉틀 바늘
얇은 천(론, 보일 등)	90번	7·9번
보통 천(리넨, 브로드 등)	60번	9·11번
두꺼운 천(데님, 모 등)	30번	11·14번
니트 원단(쭈리, 평직 니트 등)	니트용 재봉실	니트용 바늘 9·11번

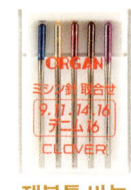
재봉틀 바늘

재봉실
왼쪽에서부터 90번, 60번, 30번

니트용 재봉실

사이즈에 대해

책에 첨부된 패턴은 90 / 100 / 110 / 120 / 130 사이즈, 이렇게 5가지 사이즈(일부는 140 / 150까지 7가지 사이즈)입니다. 각 사이즈의 신체 치수는 아래 표를 참조하세요. 기장은 원하는 길이로 조절합니다(42쪽 참조).

기준 사이즈(신체 치수)
단위: cm

사이즈(키)	90	100	110	120	130	140	150
허리	49	51	54	57	60	63	66

※모델의 키는 여자아이 109cm, 남자아이 114cm이며, 두 아이 모두 110 사이즈를 입었습니다.

재단 배치도와 원단 필요량에 대해

- 이 책에서 따로 표기하지 않은 숫자의 단위는 cm입니다.
- 만드는 법 해설의 재단 배치도는 기본적으로 110 사이즈를 그린 것입니다. 다른 사이즈일 때에는 조정해야 하는 경우도 있습니다. 재단 배치도를 참고하여 패턴의 모든 부분이 들어가는지 확인하고 천을 재단하세요.
- 재료에 적힌 허리 고무줄 치수는 완성 치수이니 시접 부분을 더해서 자르세요. 책에 있는 고무줄 치수는 기준이므로 아이 치수에 맞추어 조정합니다.
- 완성 치수의 바지 기장은 허릿단이나 바짓단을 다 포함한 치수입니다.

천의 결에 대하여
천의 양 가장자리를 '식서'라고 합니다. 식서와 평행한 방향이 '식서 방향', 수직인 방향이 '푸서 방향'입니다. 패턴이나 재단 배치도에 있는 화살표는 식서 방향에 맞습니다.

선세탁에 대해

원단의 비뚤어진 올을 바로잡고, 세탁했을 때 줄어들거나 모양이 망가지는 것을 막기 위해 원단을 재단하기 전에 세탁을 합니다.

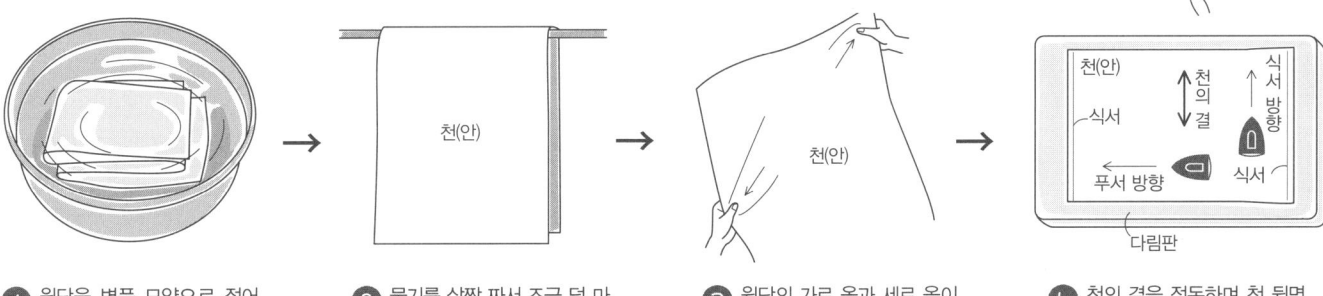

1. 원단을 병풍 모양으로 접어 물에 푹 잠기도록 하여 한 시간 이상 담가둡니다.
2. 물기를 살짝 짜서 조금 덜 마른 정도가 될 때까지 그늘에서 말립니다(니트 원단은 평평하게 펴서 말립니다).
3. 원단의 가로 올과 세로 올이 직각이 되도록 손으로 매만져서 올을 바로잡습니다.
4. 천의 결을 정돈하며 천 뒷면에서 다림질합니다.

재단과 표시하기

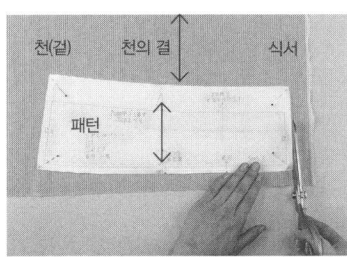 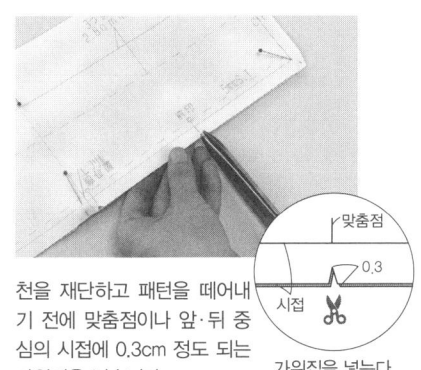 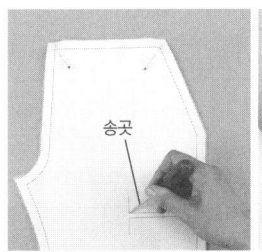 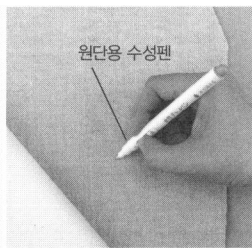

시접 있는 패턴(만드는 법은 42쪽 참조)을 원단 위에 올려놓습니다. 천의 결을 표시하는 패턴의 화살표와 천의 식서 방향을 맞춰서 시침핀으로 고정한 뒤에 재단합니다.

천을 재단하고 패턴을 떼어내기 전에 맞춤점이나 앞·뒤 중심의 시접에 0.3cm 정도 되는 가위집을 넣습니다.

주머니를 다는 자리 등의 안쪽 표시는 패턴 위에서 모서리를 송곳으로 찔러서 자국을 내고, 패턴을 떼어낸 뒤에 송곳 자국에 원단용 수성펜으로 점을 표시합니다. 원단용 먹지를 이용해서 표시해도 됩니다.

시접 있는 패턴 만드는 법

실물 크기 패턴은 여러 선이 겹쳐서 인쇄되어 있기 때문에, 옮겨 그릴 패턴을 미리 형광펜 등으로 표시해두면 좋습니다. 옮겨 그리는 종이는 선이 잘 보여서 옮겨 그리기 쉬운 대형 패턴지를 추천합니다.

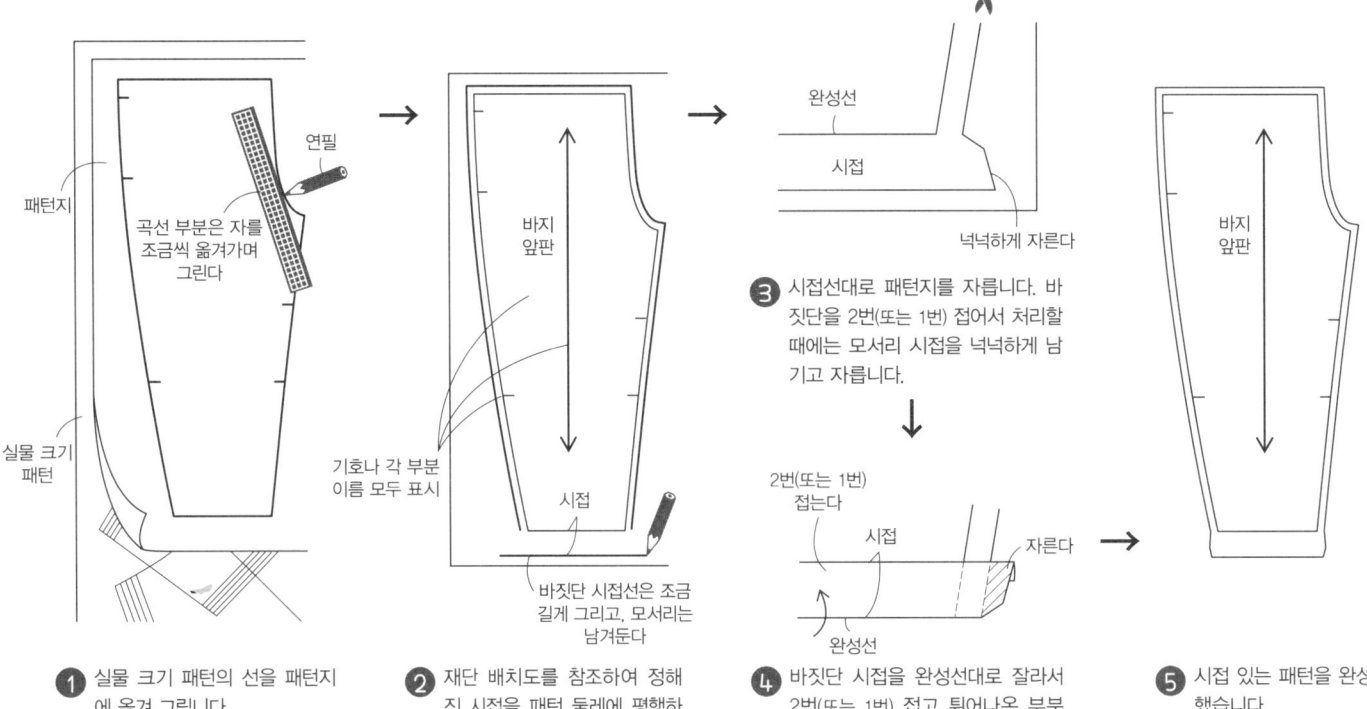

① 실물 크기 패턴의 선을 패턴지에 옮겨 그립니다.

② 재단 배치도를 참조하여 정해진 시접을 패턴 둘레에 평행하게 그립니다(모눈자를 이용하면 편리합니다).

③ 시접선대로 패턴지를 자릅니다. 바짓단을 2번(또는 1번) 접어서 처리할 때에는 모서리 시접을 넉넉하게 남기고 자릅니다.

④ 바짓단 시접을 완성선대로 잘라서 2번(또는 1번) 접고 튀어나온 부분을 잘라냅니다.

⑤ 시접 있는 패턴을 완성했습니다.

기장을 조절하고 싶을 때

바지 기장을 길거나 짧게 조절하려면 '그림 1'처럼 바짓단 선을 평행으로 이동하는 방법이 가장 간단합니다. 바짓단으로 내려갈수록 통이 좁아지는 바지이거나 바짓단 너비를 바꾸고 싶지 않을 때에는 '그림 2'처럼 밑아래 중간에서 천의 결 표시 화살표에 수직이 되도록 패턴을 잘라서 벌리고 종이를 덧붙이거나 패턴을 접어서 짧게 만듭니다. 그리고 옆선과 밑아래 선이 자연스럽게 이어지도록 고쳐 그립니다.

일자바지일 때
그림 1

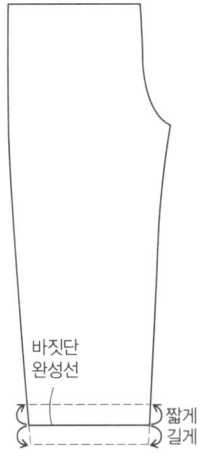

바짓단을 평행으로 옮깁니다.

바짓단 너비를 바꾸고 싶지 않을 때
그림 2

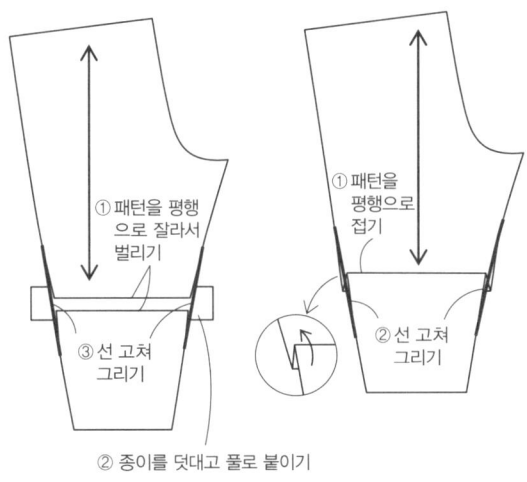

밑아래 중간에서 길거나 짧게 고칩니다.

접착심지 붙이는 법

패턴 전체에 접착심지를 붙일 때에는 큼직하게 자른 원단 뒷면 전체에 붙인 뒤에 패턴을 옮겨 그리고 재단합니다. 부분적으로 붙일 때에는 원단을 다 재단한 뒤에 정해진 크기로 자른 접착심지를 원단 뒷면에 붙입니다. 다리미는 틈이 생기지 않도록 겹쳐가며 약 10초씩 눌러줍니다. 열이 남아 있으면 심지가 쉽게 떨어지므로 식을 때까지 평평한 곳에 둡니다.

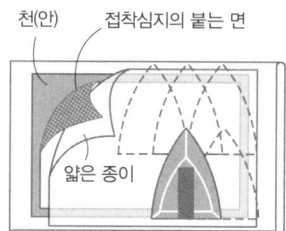

되돌려박기에 대하여

바느질을 시작할 때와 마칠 때에는 기본적으로 3땀 정도씩 되돌려박기를 합니다.

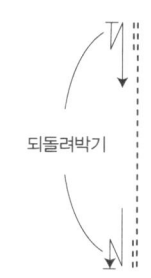

천 가장자리 처리와 시접 넘기는 법

시접을 한쪽으로 넘길 때

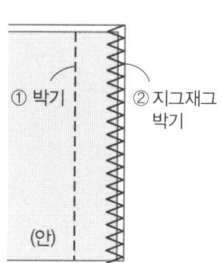

① 박기 ② 지그재그 박기

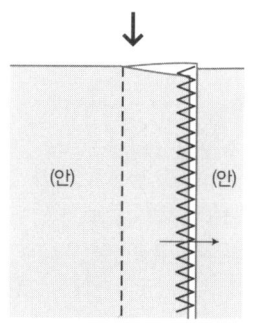

천을 겉끼리 맞대어 박고 시접 가장자리를 2장 함께 지그재그 박기 합니다.

시접 2장을 한쪽으로 넘깁니다.

시접을 가를 때

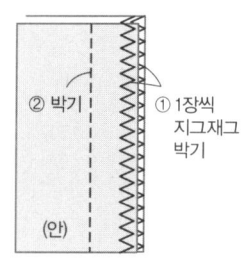

② 박기 ① 1장씩 지그재그 박기

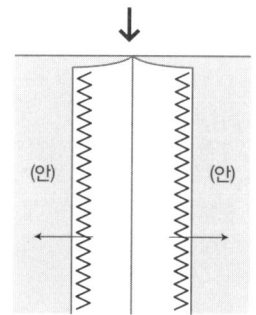

시접 가장자리를 1장씩 지그재그 박기 한 뒤에 천을 겉끼리 맞대고 박습니다.

시접을 양쪽으로 벌려서 가릅니다.

천 맞대는 법과 접는 법

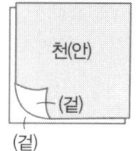  

겉끼리 맞대기 — 천의 겉면끼리 안쪽으로 오도록 맞대는 것이다.

안끼리 맞대기 — 천의 안면끼리 안쪽으로 오도록 맞대는 것이다.

골선 — 천을 반으로 접는 선(접은 금 부분)이다.

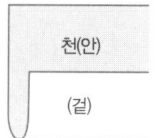 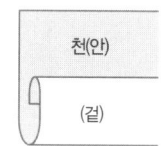 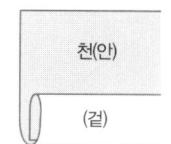

1번 접기 — 천 가장자리를 1번 접는다.

2번 접기 — 천 가장자리를 안쪽으로 접어 넣듯이 2번 접는다.

완전 2번 접기 — 시접을 절반으로 접고 같은 너비로 1번 더 접는다.

턱 접는 법

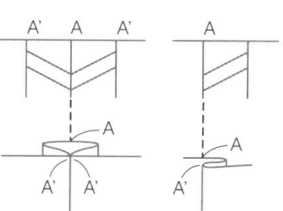

사선의 높은 쪽에서 낮은 쪽으로 접습니다. 오른쪽 그림이라면 A선 위에 A'선을 겹칩니다.

주름 잡는 법

완성선을 사이에 두고 재봉틀 땀을 크게 하여 주름 잡기용으로 2줄을 평행하게 박아줍니다. 겉으로 나오는 실은 나중에 뽑아냅니다. 이때 2줄을 시접 안에 다 박아도 됩니다. 박을 때 땀을 크게 하지 않으면 주름 잡기는 어렵지만 가늘고 풍성한 주름을 잡을 수 있습니다(24쪽 참조).

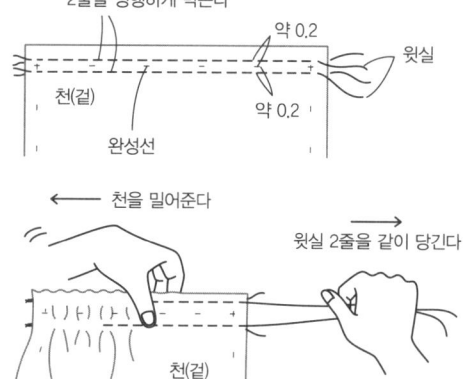

A-2 일자 긴바지(장식 스티치)

→ 4쪽

실물 크기 패턴 A면

재료 ※ 원단 필요량은 왼쪽에서부터 90 / 100 / 110 / 120 / 130 / 140 / 150 사이즈

겉감: 민무늬 치노 클로스(베이지) 148cm 폭×65 / 70 / 75 / 80 / 90 / 95 / 100cm

별도 천: 히코리 스트라이프(연한 파랑×흰색) 100cm 폭×25 / 25 / 25 / 25 / 30 / 30 / 30cm

3cm 너비 납작 고무줄 44 / 46 / 48.5 / 51 / 54 / 56.5 / 59.5cm

지름 2cm 장식 단추 1개

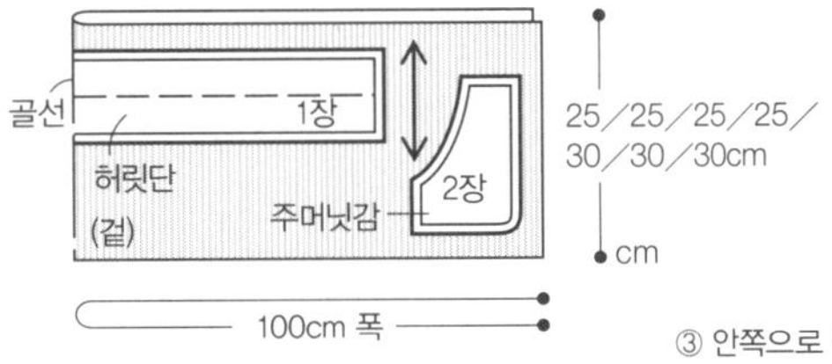

완성 치수

바지 기장 53 / 57 / 63 / 69 / 75 / 81 / 87cm

바느질 순서

1. 앞주머니를 만든다.
2. 뒷주머니를 만들어서 단다.
3. 앞판 밑위를 박는다.
4. 뒤판 밑위를 박는다.
5. 옆선을 박는다.
6. 밑아래를 박는다.
7. 허릿단을 만들어서 단다.
8. 바짓단을 2번 접어서 박는다.
9. 납작 고무줄을 끼운다.
10. 장식 단추를 단다.

재단 배치도

※ 원단 필요량은 위에서부터 90/100/110/120/130/140/150 사이즈
※ 정해진 곳 이외의 시접은 1cm

별도 천 ※원단 필요량은 위에서부터 90/100/110/120/130/140/150 사이즈

바느질 순서

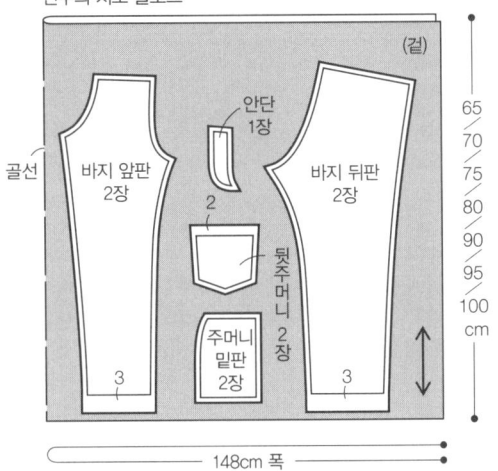

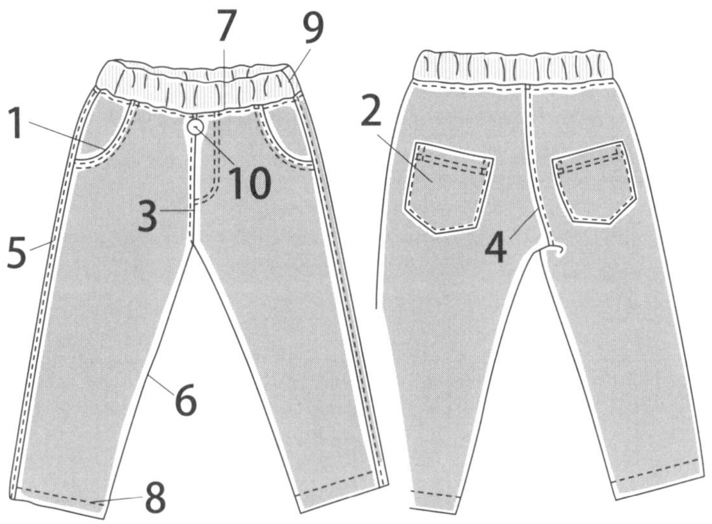

1 앞주머니를 만든다.

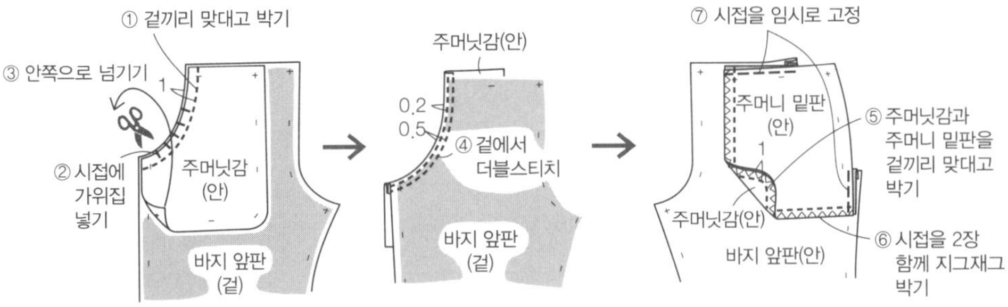

2 뒷주머니를 만들어서 단다.

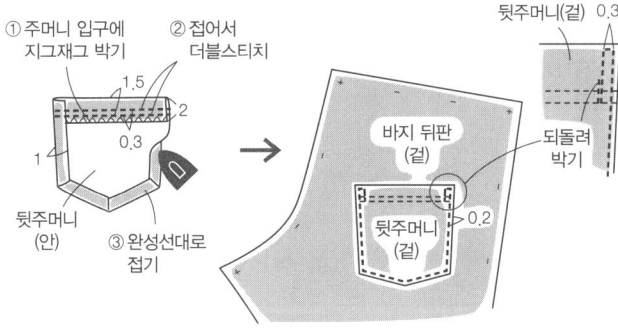

3 앞판 밑위를 박는다.

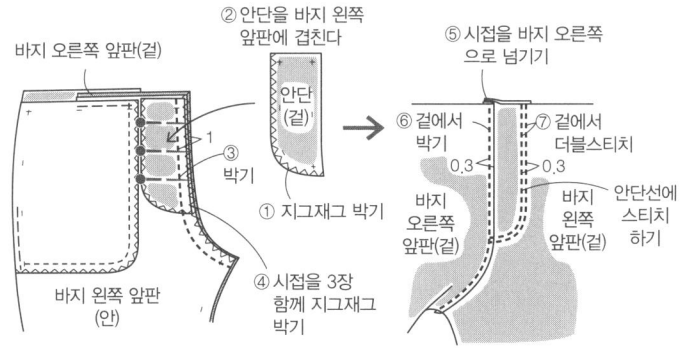

4 뒤판 밑위를 박는다.

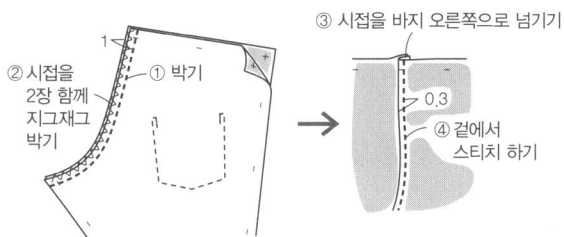

5 옆선을 박는다.

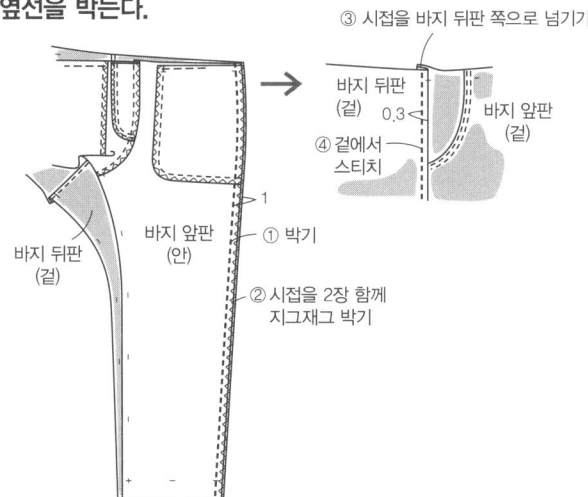

6 밑아래를 박는다.

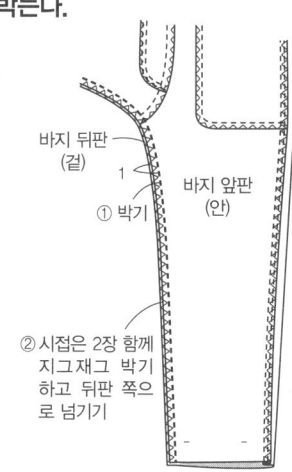

7 허릿단을 만들어서 단다.

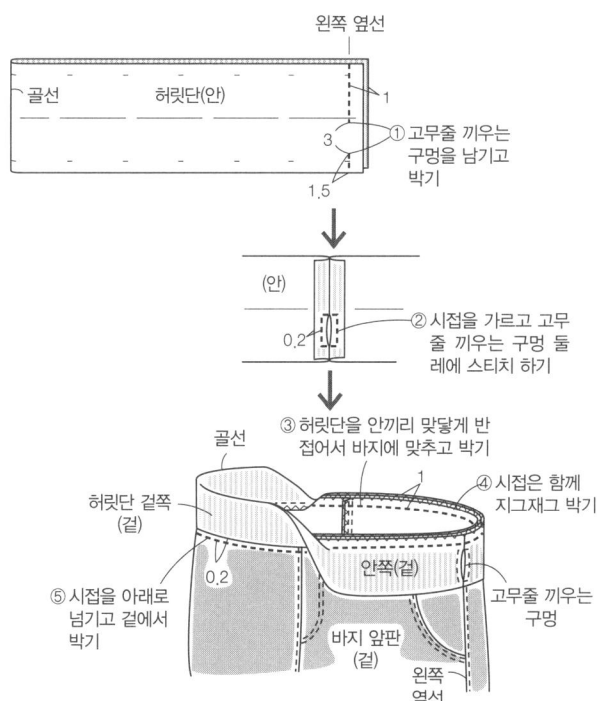

8 바짓단을 2번 접어서 박는다.

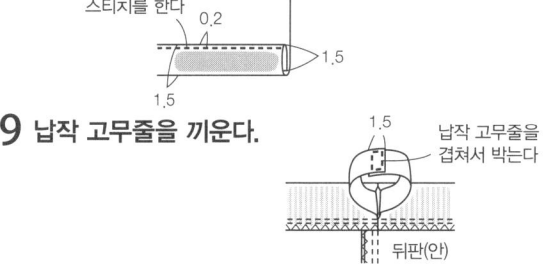

9 납작 고무줄을 끼운다.

10 장식 단추를 단다.

A-1 일자 긴바지(심플 스티치)

→ 4쪽
실물 크기 패턴 A면

재료 ※ 원단 필요량은 왼쪽에서부터 90 / 100 / 110 / 120 / 130 / 140 / 150 사이즈
겉감: 꽃무늬 프린트 면 스트레치(파랑 계열) 125cm 폭×80 / 85 / 90 / 95 / 120 / 125 / 130cm
별도 천: 옥스퍼드 민무늬(연한 파랑) 40×25cm
3cm 너비 납작 고무줄 44 / 46 / 48.5 / 51 / 54 / 56.5 / 59.5cm
지름 2.2cm 장식 단추 1개

완성 치수
바지 기장 53 / 57 / 63 / 69 / 75 / 81 / 87cm

바느질 순서 ※ 44~45쪽 참조
1. 앞주머니를 만든다.
2. 뒷주머니를 만들어서 단다.
3. 앞판 밑위를 박는다.
4. 뒤판 밑위를 박는다.
5. 옆선을 박는다.
6. 밑아래를 박는다.
7. 허릿단을 만들어서 단다.
8. 바짓단을 2번 접어서 박는다.
9. 납작 고무줄을 끼운다.
10. 장식 단추를 단다.

재단 배치도

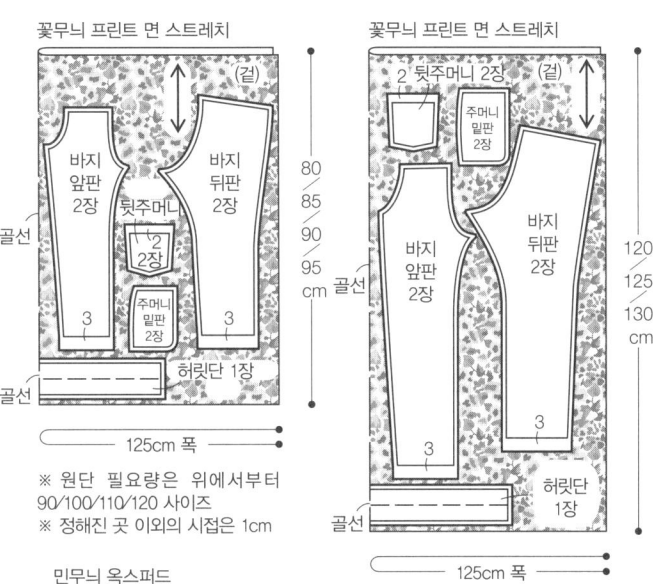

바느질 순서

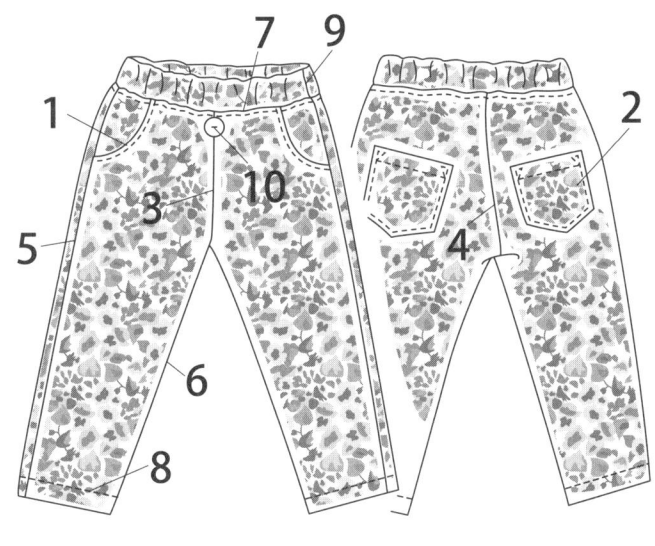

1 앞주머니를 만든다.

2 뒷주머니를 만들어서 단다.

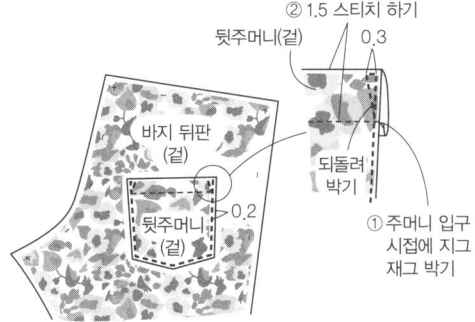

3 앞판 밑위를 박는다.
※ 안단과 스티치는 없습니다.

4 뒤판 밑위를 박는다.
※ 스티치는 없습니다.

5 옆선을 박는다.
※ 스티치는 없습니다.

6~10은 A-2와 같다.
(45쪽 참조)

B-2 짧은 반바지

→ 7쪽
실물 크기 패턴 A면

재료 ※ 원단 필요량은 왼쪽에서부터 90 / 100 / 110 / 120 / 130 / 140 / 150 사이즈
겉감: 민무늬 리넨 서지(밝은 황갈색) 108cm 폭×70 / 75 / 75 / 80 / 80 / 85 / 90cm
2cm 너비 납작 고무줄 44 / 46 / 48.5 / 51 / 54 / 56.5 / 59.5cm
접착심지 조금
지름 1.8cm 장식 단추 2개

바느질 순서
1. 앞주머니를 만들어서 단다.
2. 뒷주머니를 만들어서 단다(10쪽-4 참조).
3. 옆선, 밑아래, 밑위를 박는다(10쪽-6, 11쪽-7·8 참조).
 ※ 밑위 시접은 오른쪽으로 넘기고 겉에서 더블스티치를 합니다.
4. 허릿단을 만들어서 단다(11쪽-9 참조).
5. 탭을 만들어서 임시로 고정한다.
6. 바짓단을 박는다.
7. 납작 고무줄을 끼운다(71쪽 참조).

완성 치수
바지 기장 약 22 / 24 / 25.5 / 29 / 31.5 / 34 / 36.5cm

재단 배치도

※ 원단 필요량은 위에서부터
 90/100/110/120/130/140/150 사이즈
※ 정해진 곳 이외의 시접은 1cm
※ ▒▒ 는 뒤에 접착심지를 붙입니다.

바느질 순서

1 앞주머니를 만들어서 단다.

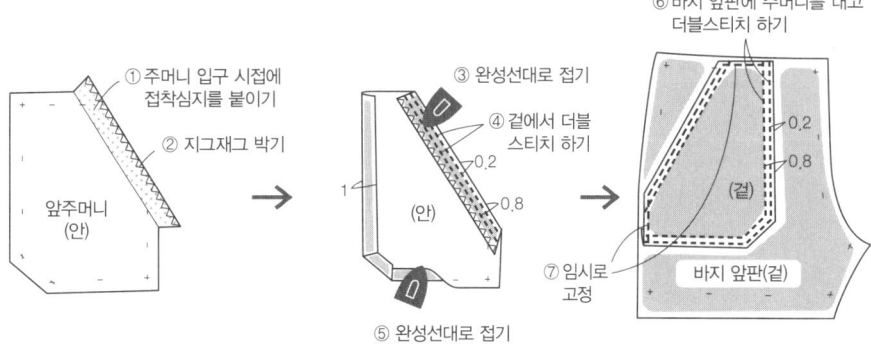

2 뒷주머니를 만들어서 단다(10쪽-4 참조).

3 옆선, 밑아래, 밑위를 박는다(10쪽-6, 11쪽-7·8 참조).
※ 밑위 시접은 오른쪽으로 넘기고 겉에서 더블스티치를 합니다.

4 허릿단을 만들어서 단다.

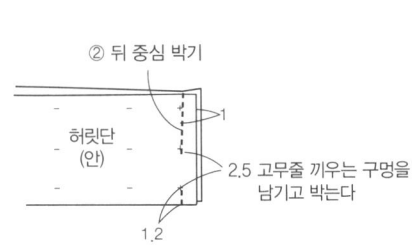

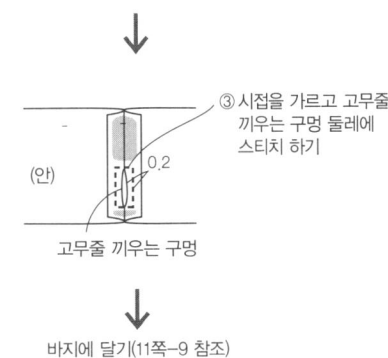

5 탭을 만들어서 임시로 고정한다.

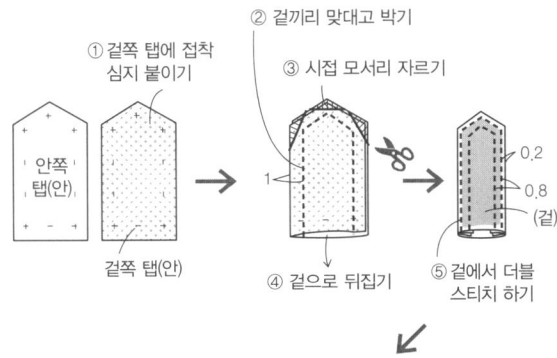

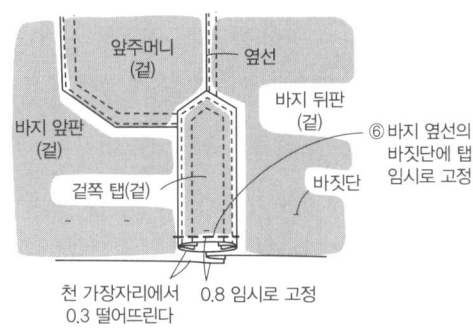

6 바짓단을 박는다.

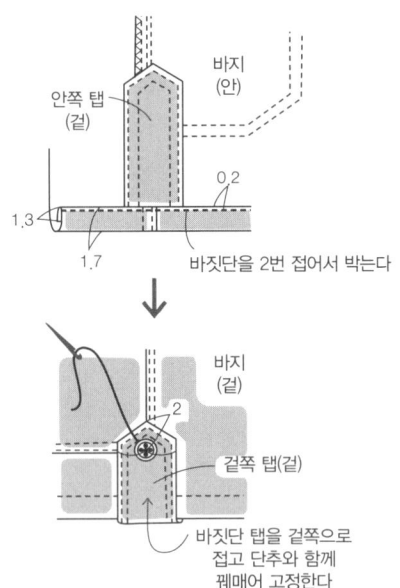

※ 탭에 여유를 두어 전체 모양을 보면서 자리를 정합니다.

7 납작 고무줄을 끼운다(71쪽 참조).

C-2 호박 바지 중간 기장(고무줄 바짓단)

→ 13쪽
실물 크기 패턴 B면

재료 ※ 원단 필요량은 왼쪽에서부터 90 / 100 / 110 / 120 / 130 사이즈
겉감: 민무늬 리넨(흑갈색) 130cm 폭×60 / 60 / 60 / 80 / 90cm
3cm 너비 그로그랭 리본 72 / 75 / 78 / 81 / 83cm(시접 포함)
2.5cm 너비 그로그랭 리본 20cm(공통)
0.6cm 너비 납작 고무줄(바짓단용) 21 / 22 / 23 / 24 / 25cm 2줄
0.6cm 너비 납작 고무줄(허리용) 44 / 46 / 48.5 / 51 / 54cm

완성 치수
바지 기장 약 32.4 / 33.5 / 34.5 / 35.5 / 36.5cm

바느질 순서
1. 턱을 접는다(50쪽 참조).
2. 옆선에 주머니를 만든다(50쪽 참조).
3. 옆선과 밑아래를 박는다(51쪽 참조).
※ 옆선은 바짓단까지 박습니다.
4. 허리에 그로그랭 리본을 단다(51쪽 참조).
5. 바짓단 처리를 한다.
6. 리본을 만들어서 앞 중심에 단다.
7. 납작 고무줄을 끼운다(51쪽 참조).

재단 배치도

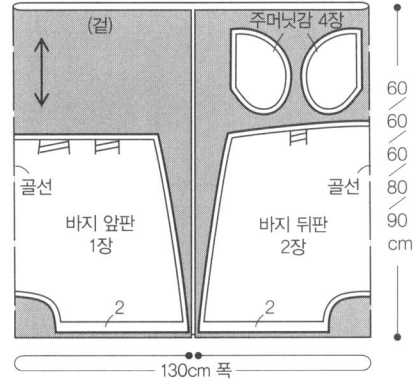

※ 원단 필요량은 위에서부터 90/100/110/120/130 사이즈
※ 정해진 곳 이외의 시접은 1cm

바느질 순서

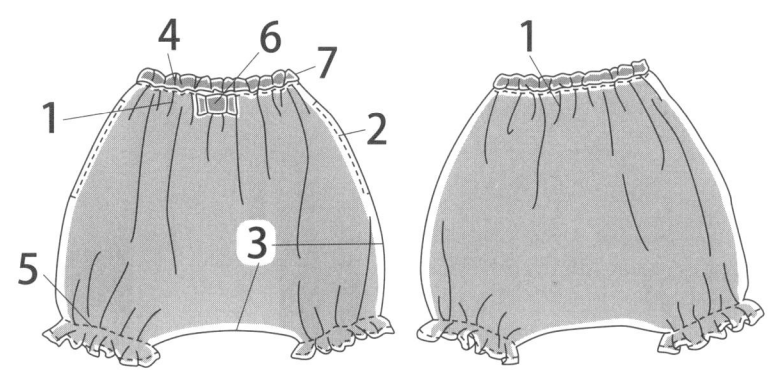

1 턱을 접는다(50쪽 참조).

2 옆선에 주머니를 만든다(50쪽 참조).

3 옆선과 밑아래를 박는다(51쪽 참조).
※ 옆선은 바짓단까지 박습니다.

4 허리에 그로그랭 리본을 단다(51쪽 참조).

5 바짓단 처리를 한다.

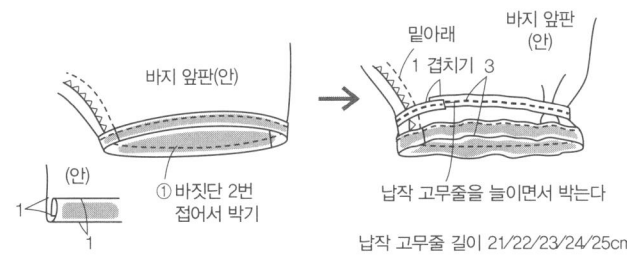

6 리본을 만들어서 앞 중심에 단다.

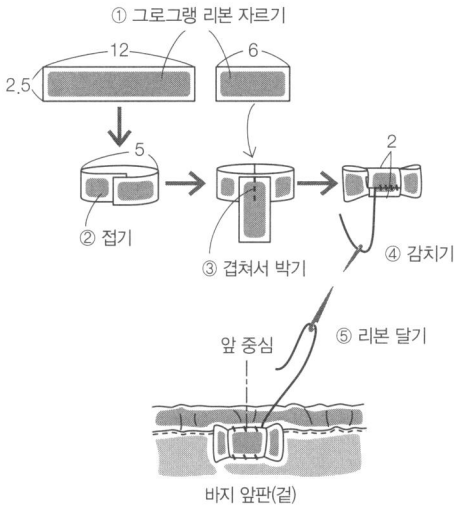

7 납작 고무줄을 끼운다(51쪽 참조).

C-1 호박 바지 짧은 기장(천 바짓단)

→ 12쪽
실물 크기 패턴 B면

재료 ※ 원단 필요량은 왼쪽에서부터 90 / 100 / 110 / 120 / 130 사이즈
겉감: 민무늬 리넨(파랑) 110cm 폭×60 / 60 / 60 / 70 / 85cm
3cm 너비 그로그램 리본 73.5 / 77.5 / 80.5 / 83.5 / 86.5cm(시접 포함)
2.5cm 너비 그로그램 리본 20cm(공통)
0.6cm 너비 납작 고무줄 44 / 46 / 48.5 / 51 / 54cm

바느질 순서
1. 턱을 접고 슬릿 부분의 시접을 처리한다.
2. 옆선에 주머니를 만든다.
3. 옆선과 밑아래를 박는다.
4. 허리에 그로그램 리본을 단다.
5. 바짓단 처리를 한다.
6. 리본을 만들어서 앞 중심에 단다(49쪽 참조).
7. 납작 고무줄을 끼운다.

완성 치수
바지 기장 26 / 27 / 28 / 29 / 30cm

재단 배치도

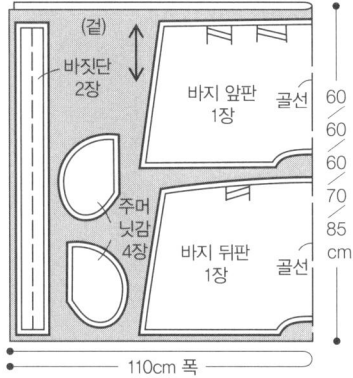

※ 원단 필요량은 위에서부터
90/100/110/120/130 사이즈
※ 시접은 1cm

바느질 순서

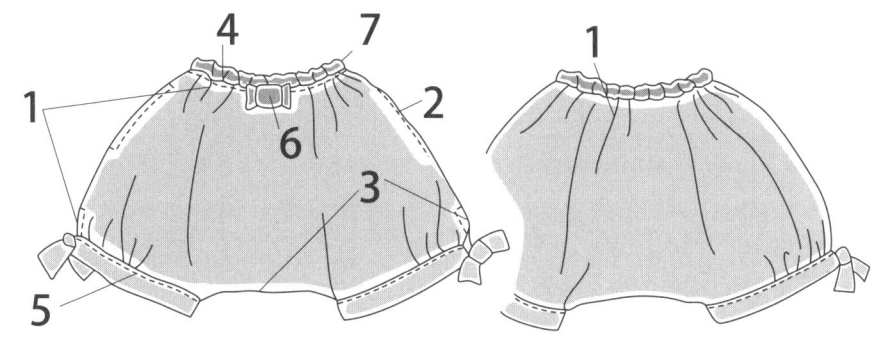

1 턱을 접고 슬릿 부분의 시접을 처리한다.

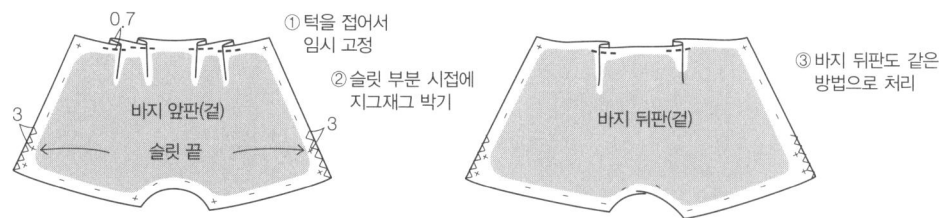

2 옆선에 주머니를 만든다.

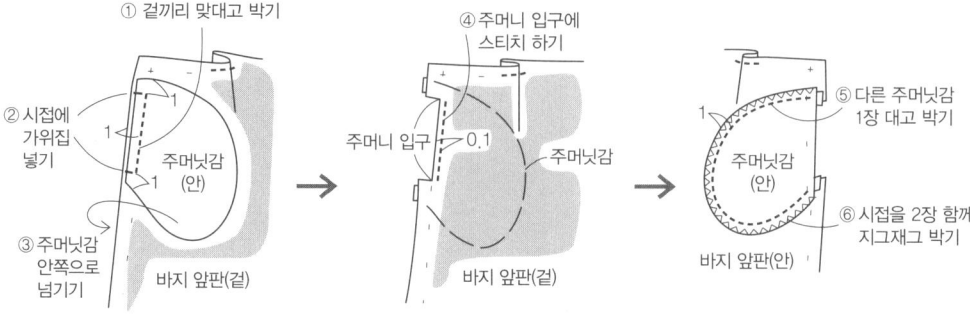

3 옆선과 밑아래를 박는다.

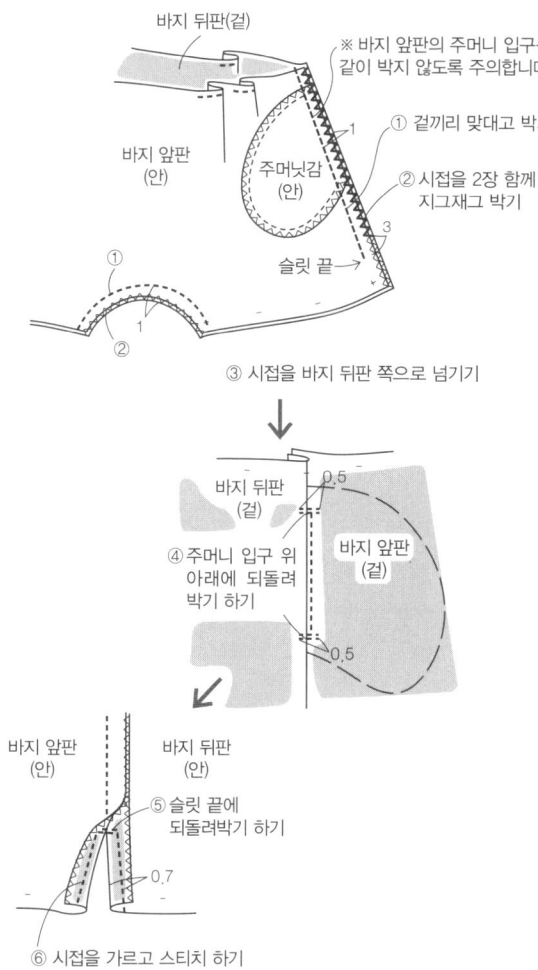

4 허리에 그로그랭 리본을 단다.

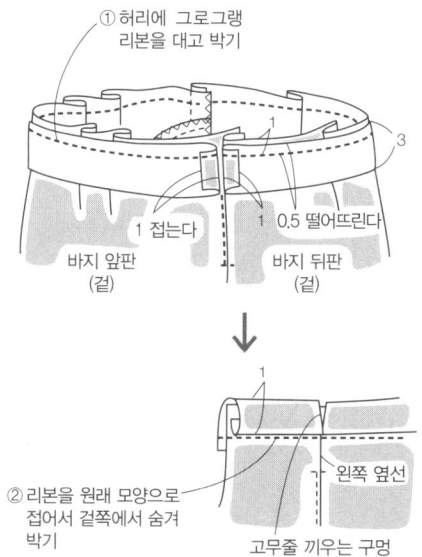

5 바짓단 처리를 한다.

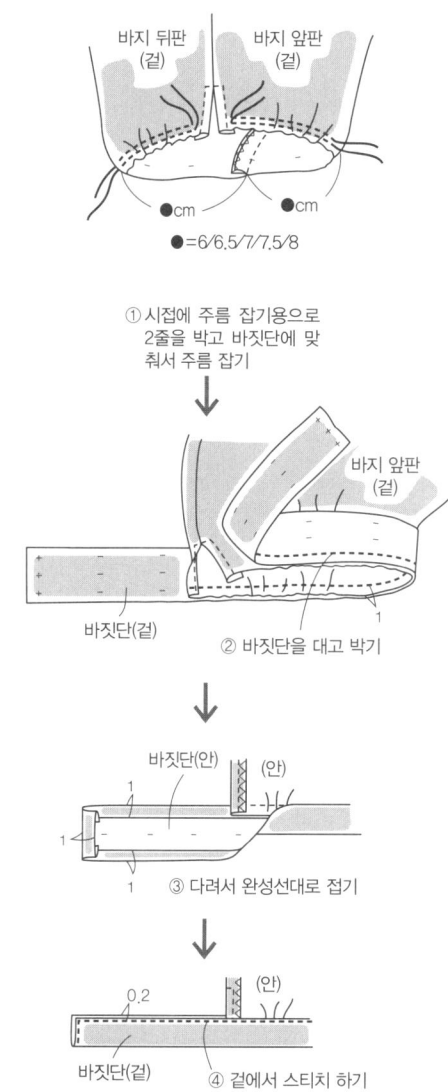

6 리본을 만들어서 앞 중심에 단다(49쪽 참조).

7 납작 고무줄을 끼운다.

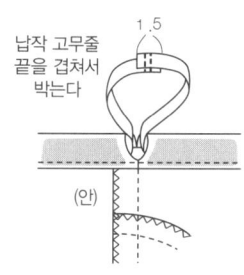

D-1 니트 허리 바지(무릎 위 체크무늬)

→ 14쪽
실물 크기 패턴 B면

재료 ※ 원단 필요량은 왼쪽에서부터 90 / 100 / 110 / 120 / 130 사이즈

겉감: 체크무늬 선염 데님(연한 파랑) 108cm 폭×40 / 40 / 50 / 60 / 60cm
별도 천: 민무늬 쭈리(파랑) 약 70cm 폭×20 / 20 / 20 / 40 / 40cm
프릴: 민무늬 선염(연한 파랑) 108cm 폭×10cm(공통)
0.5cm 너비 납작 고무줄 44 / 46 / 48.5 / 51 / 54cm
1cm 너비 리본 95 / 95 / 100 / 100 / 105cm
접착심지 조금

바느질 순서
1. 바지 옆선을 박는다.
2. 밑위를 박는다.
3. 밑아래를 박는다(57쪽 참조).
4. 프릴을 만들어서 바지에 임시로 고정한다.
5. 허릿감을 만든다.
6. 허릿감을 단다(57쪽 참조).
7. 바짓단을 바짓단 바이어스감으로 처리한다.
8. 납작 고무줄과 리본을 끼운다(57쪽 참조).

완성 치수
바지 기장 24.5 / 26 / 29 / 31.5 / 34cm

재단 배치도

체크무늬 선염 데님

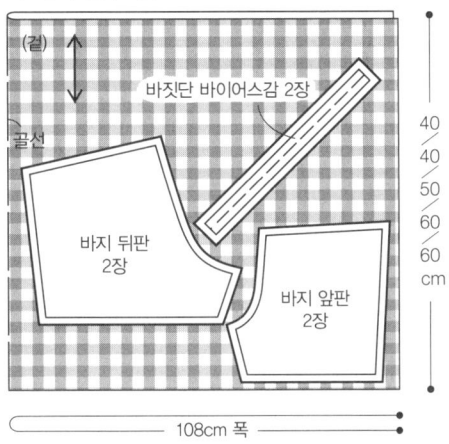

민무늬 선염

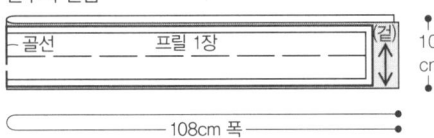

민무늬 쭈리

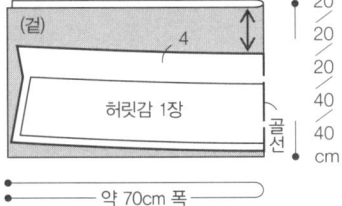

※ 원단 필요량은 위에서부터 90/100/110/120/130 사이즈
※ 정해진 곳 이외의 시접은 1cm
※ 허릿감 120/130 사이즈는 뒤 중심을 이어 붙입니다.

바느질 순서

1 바지 옆선을 박는다.

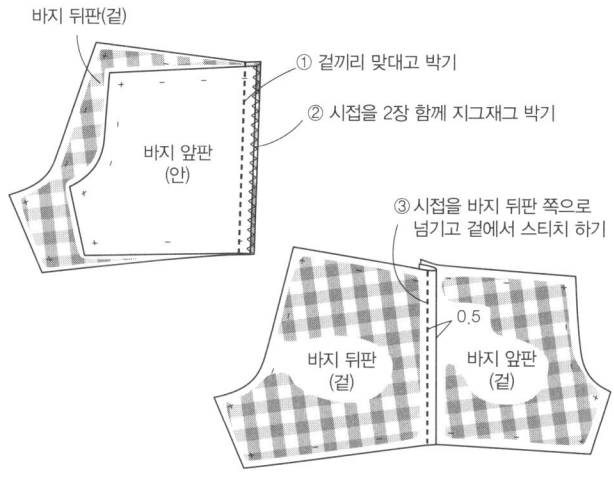

2 밑위를 박는다.

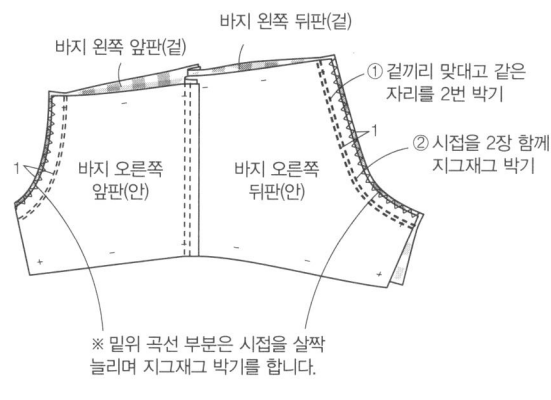

3 밑아래를 박는다 (57쪽 참조).

4 프릴을 만들어서 바지에 임시로 고정한다.

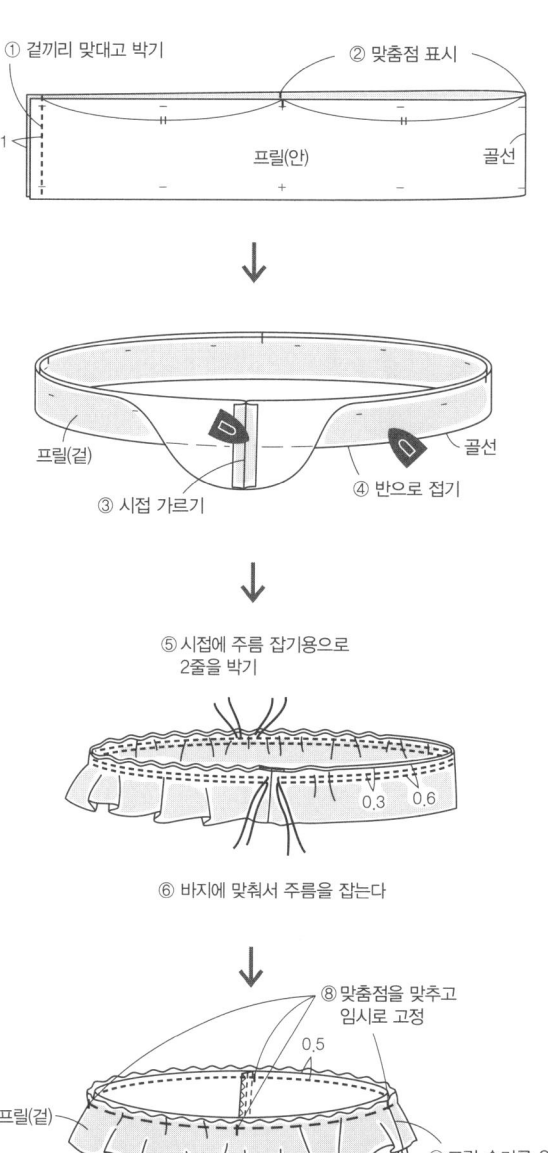

5 허릿감을 만든다.

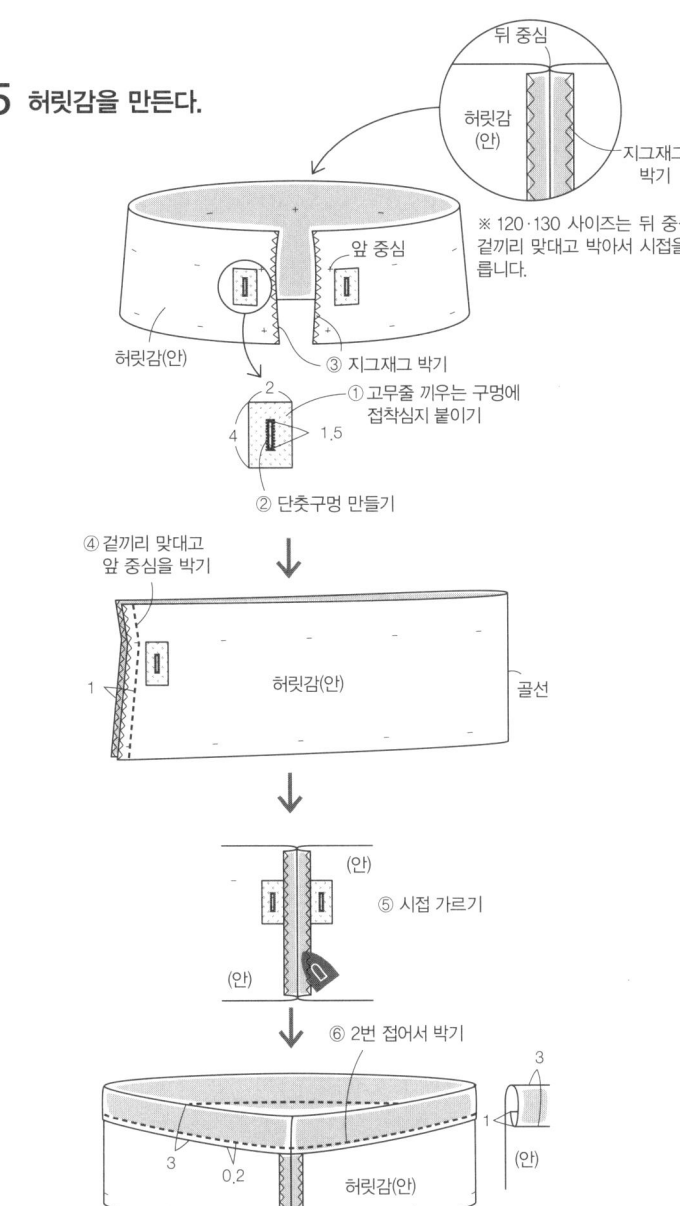

6 허릿감을 단다(57쪽 참조).

7 바짓단을 바짓단 바이어스감으로 처리한다.

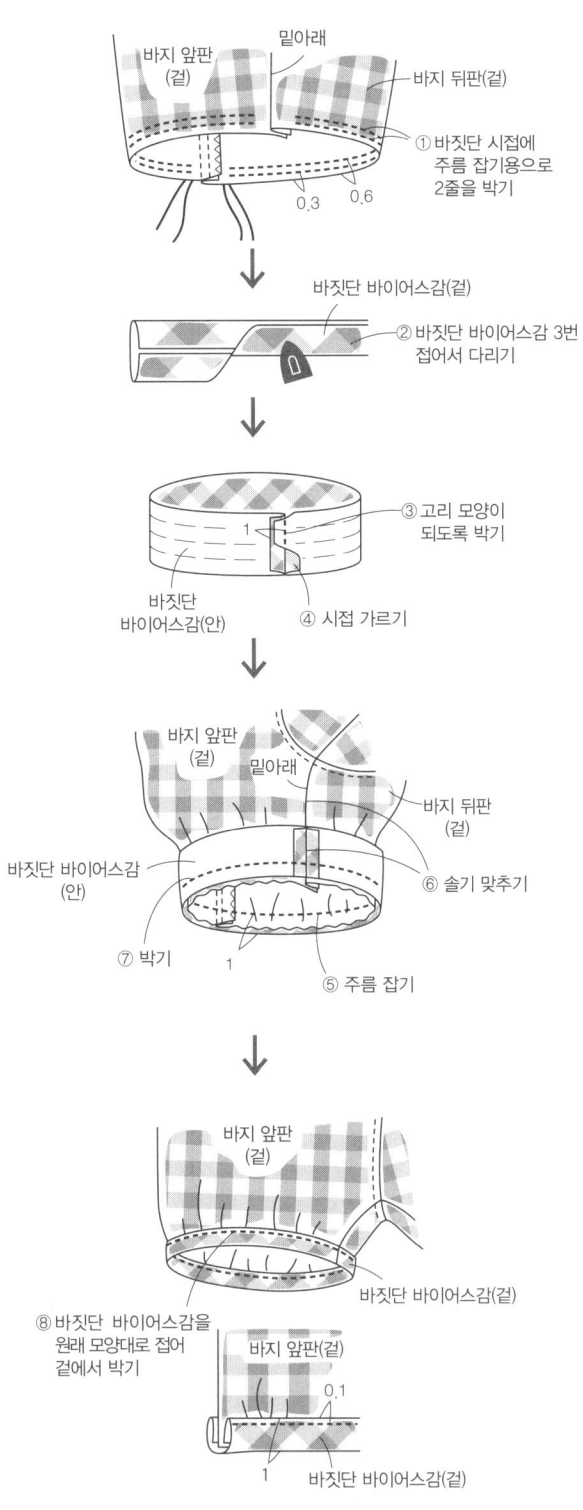

8 납작 고무줄과 리본을 끼운다(57쪽 참조).

D-2 니트 허리 바지(무릎 밑 히코리)

→ 14쪽
실물 크기 패턴 B면

재료   ※ 원단 필요량은 왼쪽에서부터 90 / 100 / 110 / 120 / 130 사이즈
겉감: 선염 데님 히코리(남색×흰색) 108cm 폭×60 / 70 / 70 / 80 / 90cm
별도 천: 민무늬 쭈리(남색) 103cm 폭×20cm(공통)
0.5cm 너비 납작 고무줄 44 / 46 / 48.5 / 51 / 54cm
지름 0.6cm 둥근 끈 95 / 95 / 100 / 100 / 105cm
접착심지 조금

완성 치수
바지 기장 39.5 / 41.5 / 44 / 46.5 / 49cm

바느질 순서
1. 사이드 벨트를 만들어서 단다.
2. 뒷주머니를 만들어서 단다.
3. 바지 옆선을 박는다.
4. 옆주머니를 만들어서 단다.
5. 밑위를 박는다.
6. 밑아래를 박는다.
7. 허릿감을 만든다(54쪽 참조).
8. 허릿감을 단다.
9. 바짓단을 2번 접어서 박는다.
10. 납작 고무줄과 둥근 끈을 끼운다.

재단 배치도

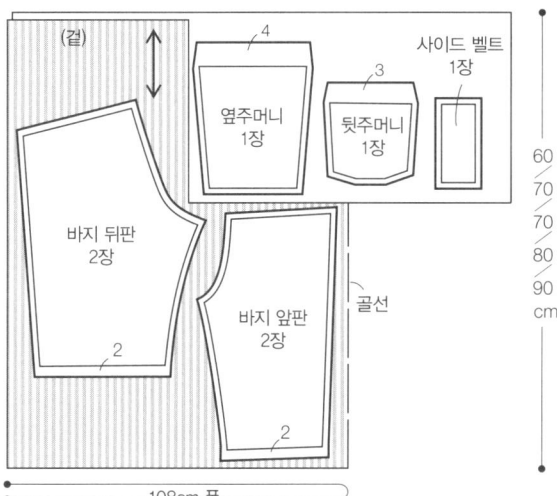

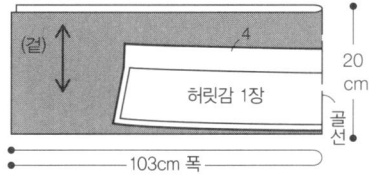

※ 원단 필요량은 위에서부터 90/100/110/120/130 사이즈
※ 정해진 곳 이외의 시접은 1cm
※ 허릿감 120/130 사이즈는 뒤 중심을 이어 붙입니다.

바느질 순서

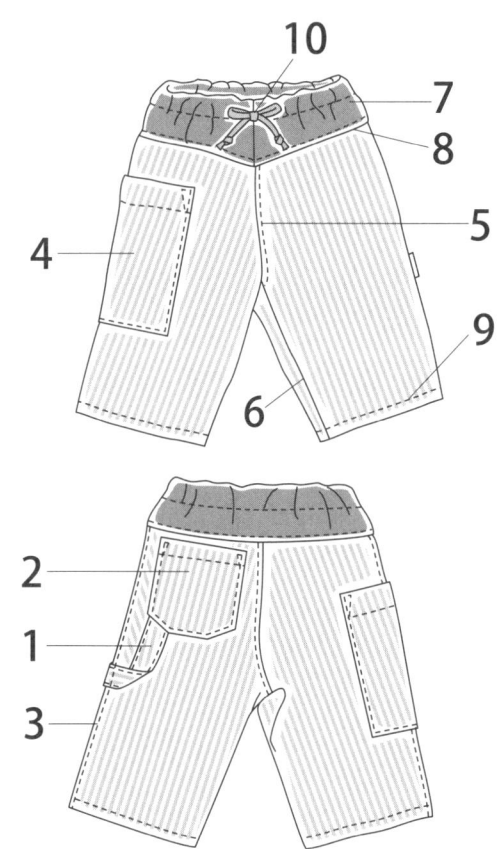

1 사이드 벨트를 만들어서 단다.

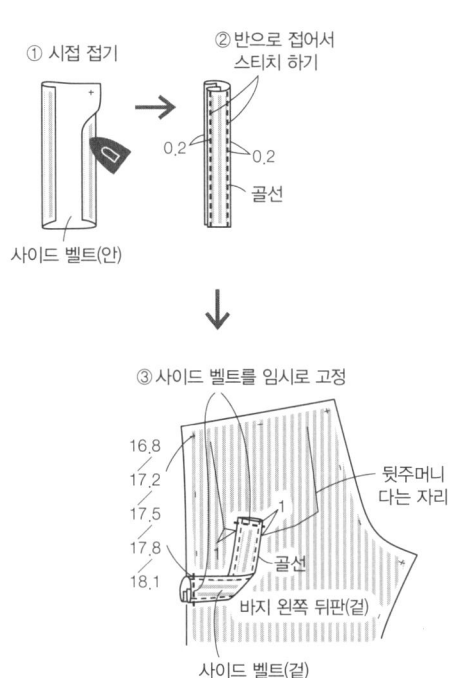

2 뒷주머니를 만들어서 단다.

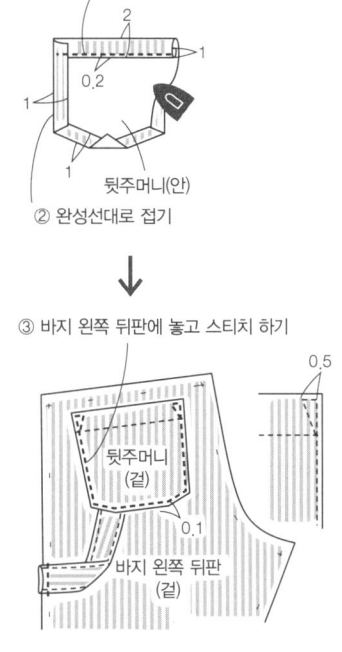

3 바지 옆선을 박는다.

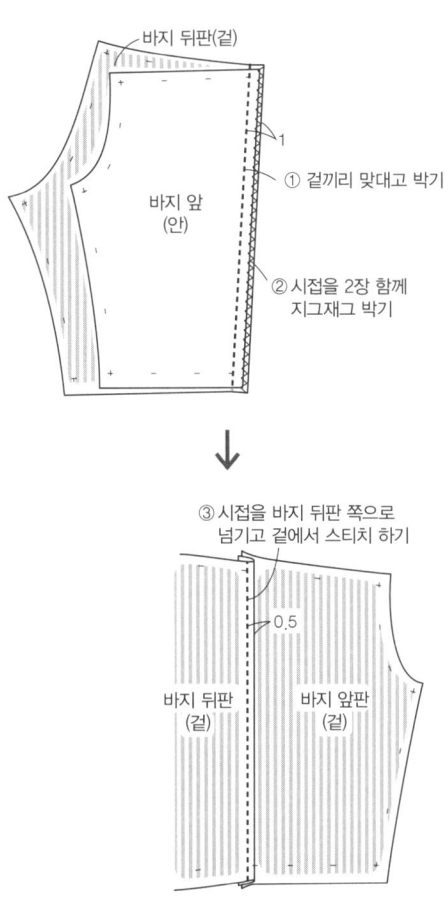

4 옆주머니를 만들어서 단다.

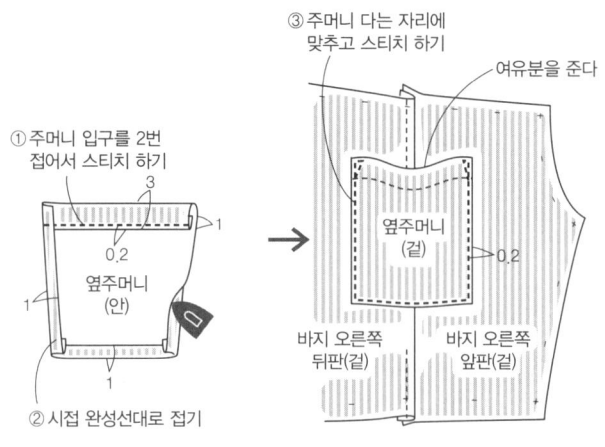

5 밑위를 박는다.

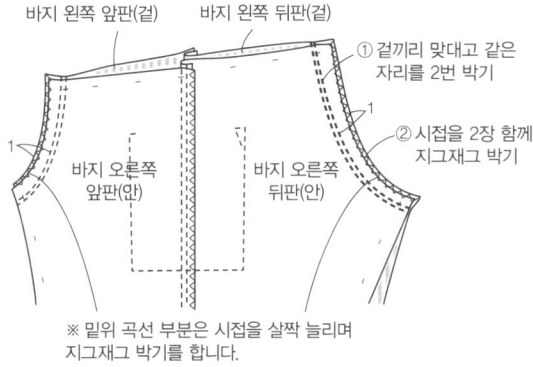

6 밑아래를 박는다.

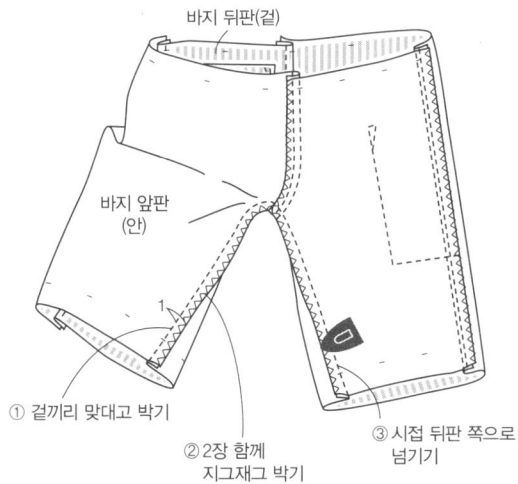

7 허릿감을 만든다 (54쪽 참조).
8 허릿감을 단다.

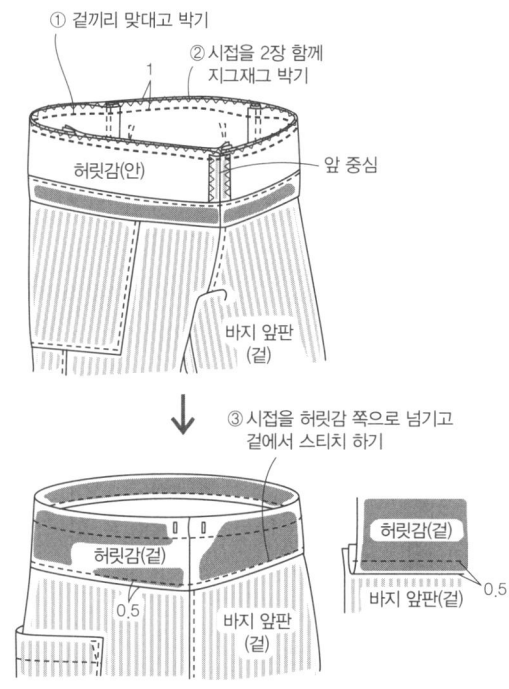

9 바짓단을 2번 접어서 박는다.

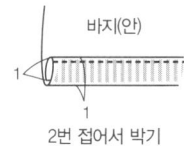

10 납작 고무줄과 둥근 끈을 끼운다.

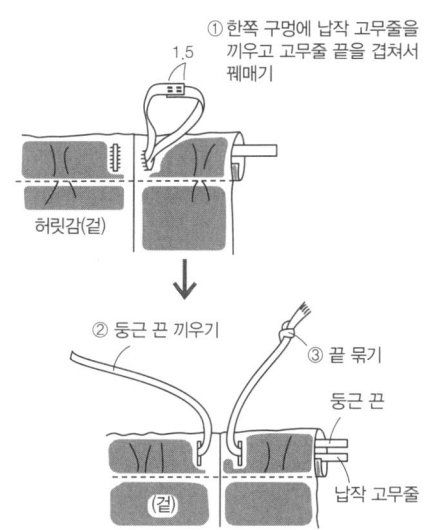

E-1 절개 바지(반원 플랩)

→ 20쪽
실물 크기 패턴 B면

재료 ※ 원단 필요량은 왼쪽에서부터 90 / 100 / 110 / 120 / 130 사이즈
겉감: 컬러 트윌(주황) 110cm 폭×85 / 90 / 95 / 105 / 120cm
3cm 너비 납작 고무줄 44 / 46 / 48.5 / 51 / 54cm
지름 2cm 장식 단추 2개
와펜 6×7cm 1개

바느질 순서
1. 바지 앞판을 만든다.
2. 플랩을 만든다.
3. 플랩을 끼워서 바지 뒤판을 만든다.
4. 옆선과 밑아래를 박는다(61쪽 참조).
5. 바짓단을 2번 접어서 박는다.
6. 허릿단을 만들어서 단다(45쪽 참조).
7. 와펜을 단다.
8. 장식 단추를 달고 납작 고무줄을 끼운다.

완성 치수
바지 기장 약 47 / 51 / 57 / 63 / 69cm

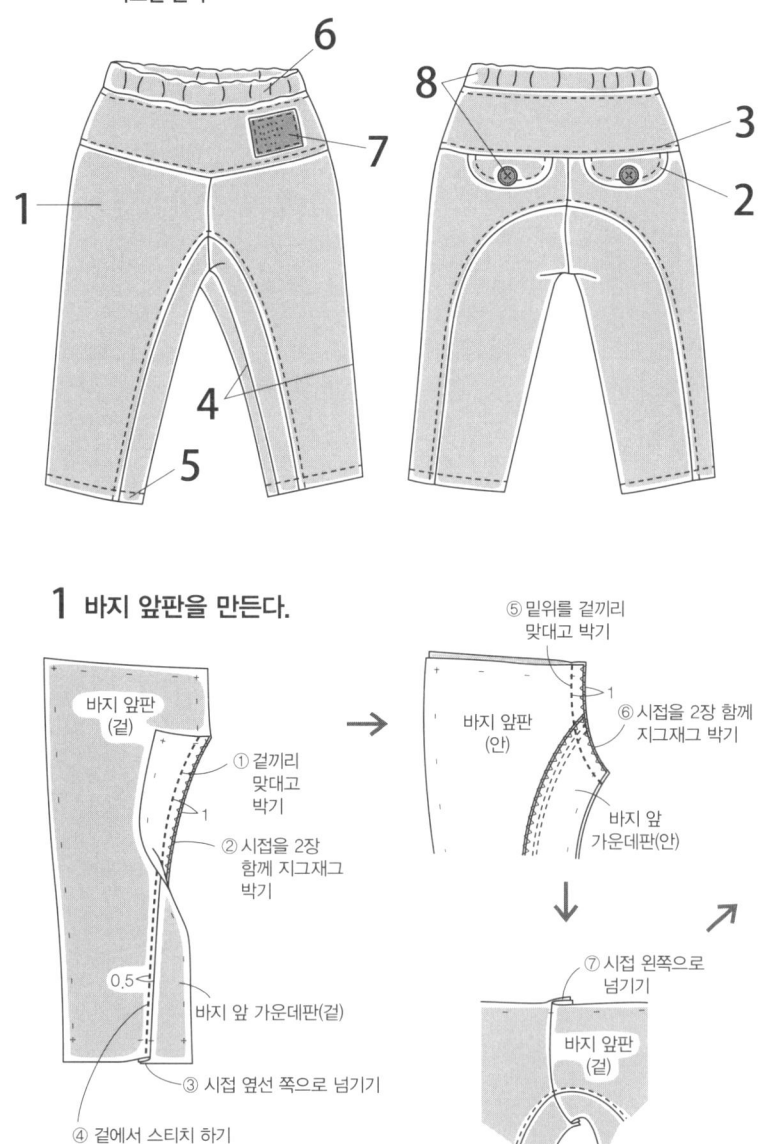

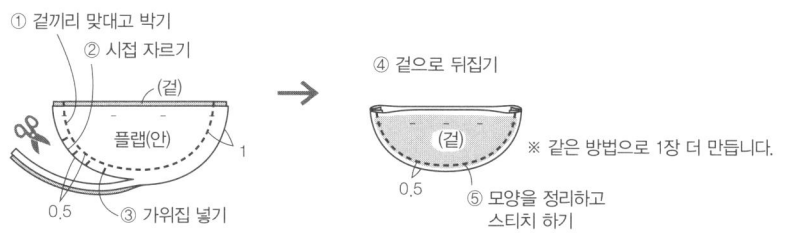

2 플랩을 만든다.

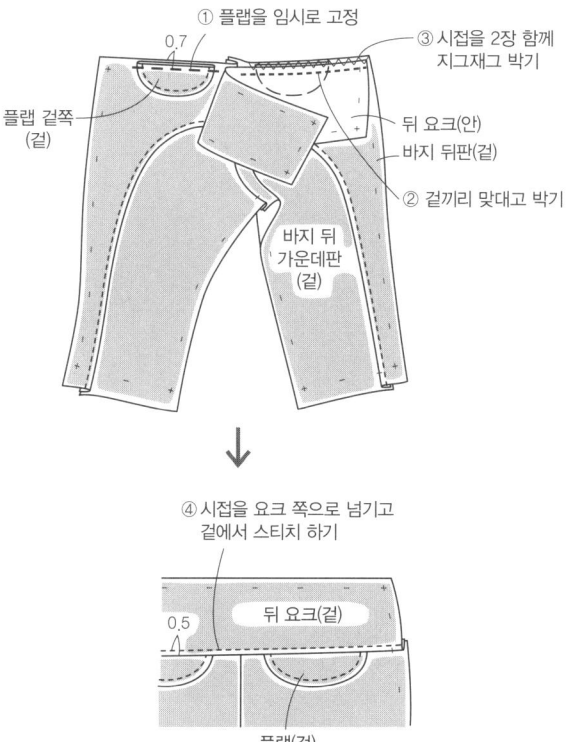

3 플랩을 끼워서 바지 뒤판을 만든다.

※ 바지 앞판과 같은 방법으로 바지 뒤판과 바지 뒤 가운데판을 잇고, 밑위 시접은 왼쪽으로 넘깁니다.

4 옆선과 밑아래를 박는다 (61쪽 참조).

5 바짓단을 2번 접어서 박는다.

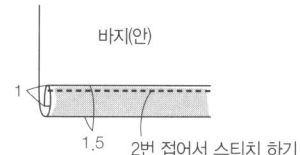

6 허릿단을 만들어서 단다 (45쪽 참조).

7 와펜을 단다.

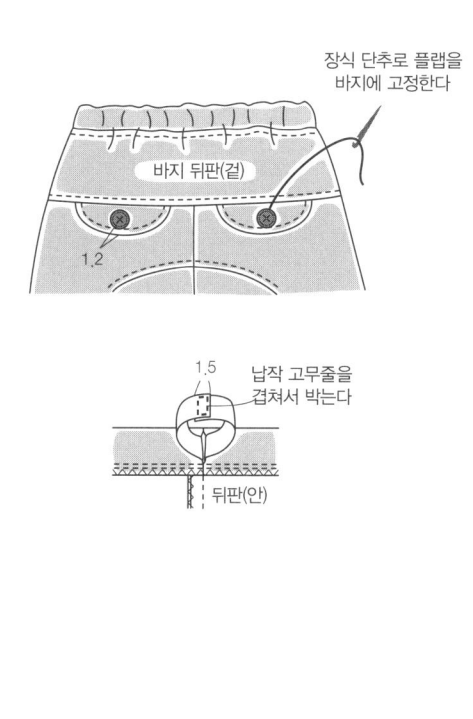

8 장식 단추를 달고 납작 고무줄을 끼운다.

E-2 절개 바지(리본 플랩)

→ 21쪽
실물 크기 패턴 B면

재료 ※ 원단 필요량은 왼쪽에서부터 90 / 100 / 110 / 120 / 130 사이즈
겉감: 워셔블 데님(남색) 145cm 폭×70 / 75 / 80 / 85 / 90cm
별도 천: 줄무늬 선염 데님(남색×흰색) 20×10cm(공통)
3cm 너비 납작 고무줄 44 / 46 / 48.5 / 51 / 54cm
와펜 6×7cm 1개

바느질 순서
1. 바지 앞판을 만든다(58쪽 참조).
2. 리본을 만든다.
3. 리본을 끼워서 바지 뒤판을 만든다.
4. 옆선과 밑아래를 박는다.
5. 바짓단을 2번 접어서 박는다(59쪽 참조).
6. 허릿단을 만들어서 단다(45쪽 참조).
7. 와펜을 단다(59쪽 참조).
8. 납작 고무줄을 끼운다(59쪽 참조).

완성 치수
바지 기장 약 47 / 51 / 57 / 63 / 69cm

재단 배치도

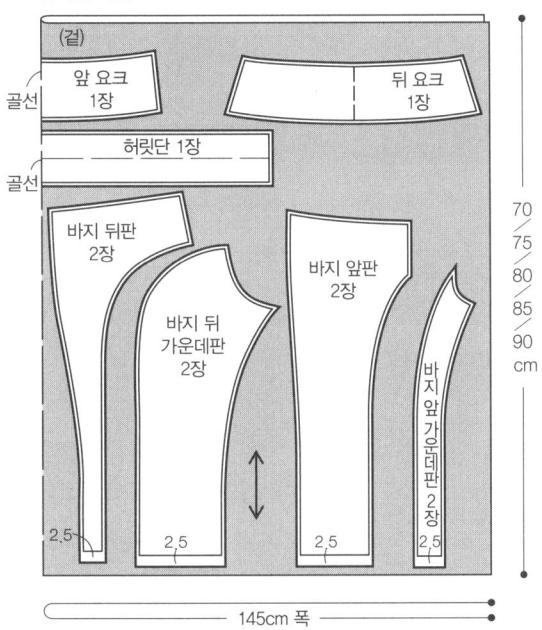

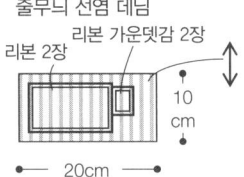

※ 원단 필요량은 위에서부터 90/100/110/120/130 사이즈
※ 정해진 곳 이외의 시접은 1cm

바느질 순서

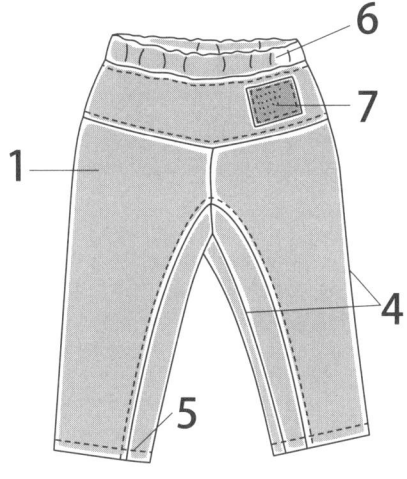

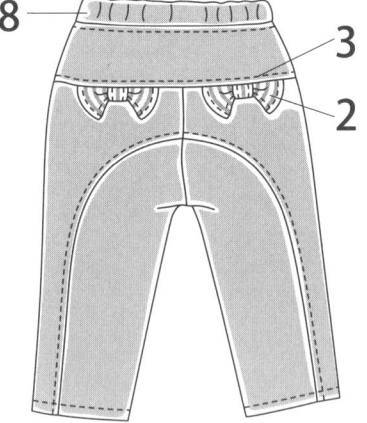

1 바지 앞판을 만든다(58쪽 참조).

2 리본을 만든다.

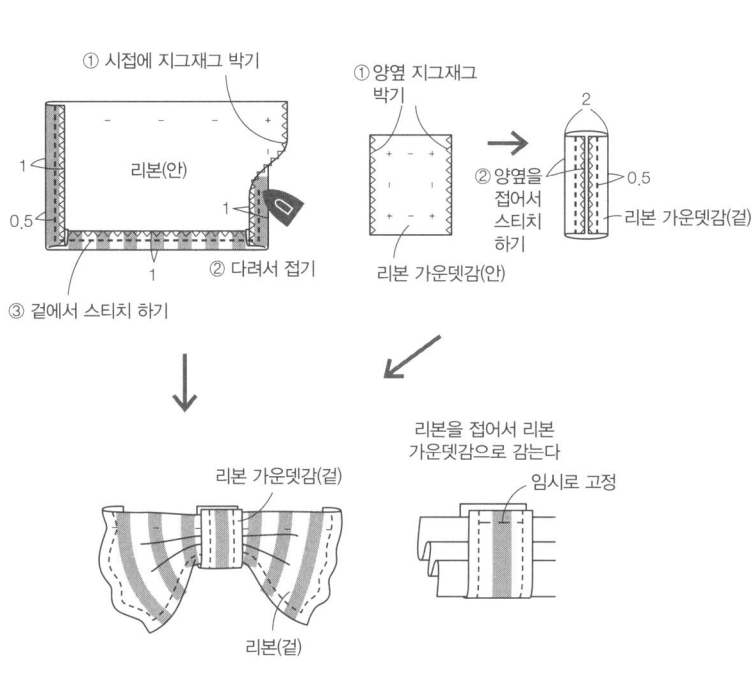

3 리본을 끼워서 바지 뒤판을 만든다(59쪽-3 참조).

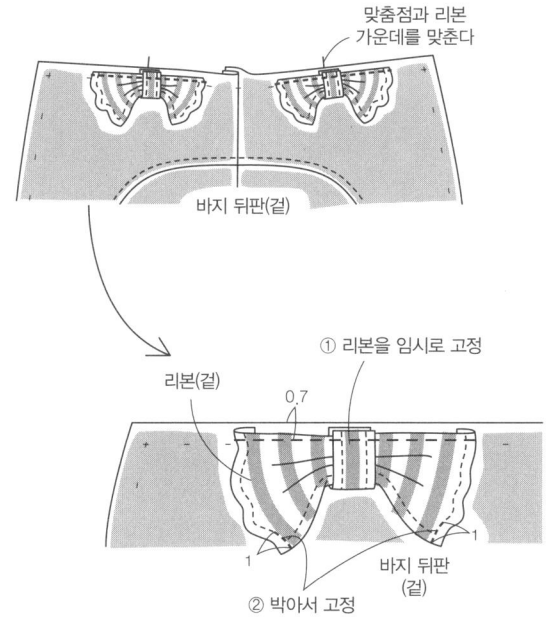

4 옆선과 밑아래를 박는다.

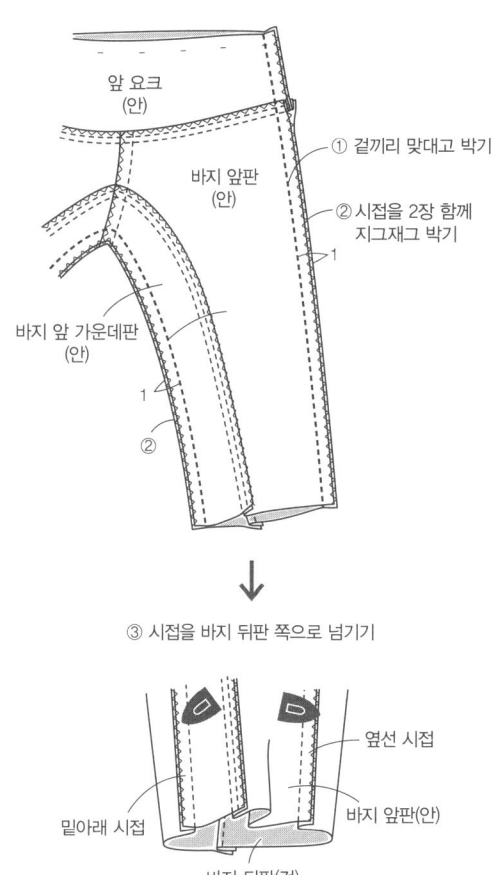

5 바짓단을 2번 접어서 박는다(59쪽 참조).

6 허릿단을 만들어서 단다(45쪽 참조).

7 와펜을 단다(59쪽 참조).

8 납작 고무줄을 끼운다(59쪽 참조).

F-2 프릴 바지(1단 프릴)

→ 23쪽
실물 크기 패턴 A면

재료 ※ 원단 필요량은 왼쪽에서부터 90 / 100 / 110 / 120 / 130 사이즈
겉감: 리버티 프린트(원래는 영국 리버티사가 개발한 잔 꽃무늬를 가리켰으나 지금은 직물 전체를 장식하는 꽃무늬를 말한다-역주) 코듀로이(분홍 계열) 110cm 폭×80 / 80 / 85 / 85 / 90cm
2cm 너비 납작 고무줄 43 / 45 / 48 / 51 / 55cm
지름 1cm 장식 단추 1개

바느질 순서
1. 아래 프릴 바지의 밑아래를 박는다.
2. 바짓단을 2번 접어서 박는다.
3. 아래 프릴 바지에 주름을 잡는다.
4. 아래 프릴 바지와 허리 요크를 잇는다.
5. 바지 왼쪽과 오른쪽을 겉끼리 맞대고 밑위를 박는다.
6. 납작 고무줄을 고리 모양으로 박는다.
7. 허릿단을 처리한다.
8. 장식 단추를 단다.

완성 치수
바지 기장 23.5 / 24.5 / 25.5 / 26.5 / 27.5cm

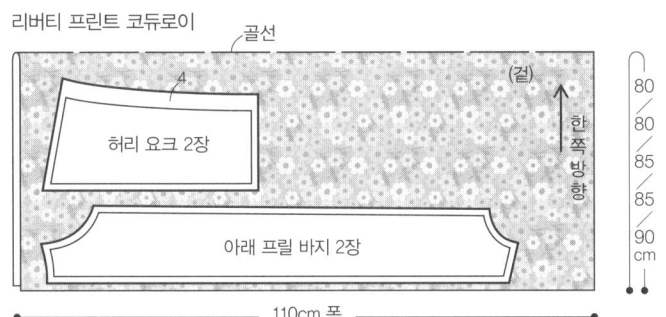

※ 원단 필요량은 위에서부터 90/100/110/120/130 사이즈
※ 정해진 곳 이외의 시접은 1cm

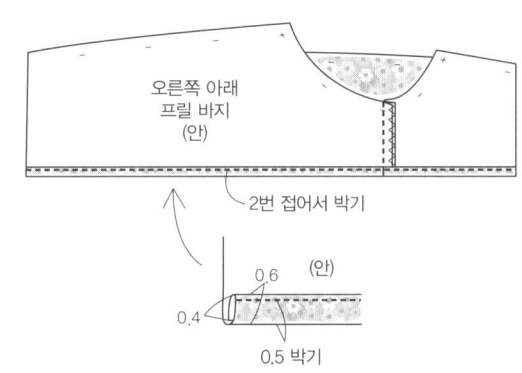

1 아래 프릴 바지의 밑아래를 박는다.

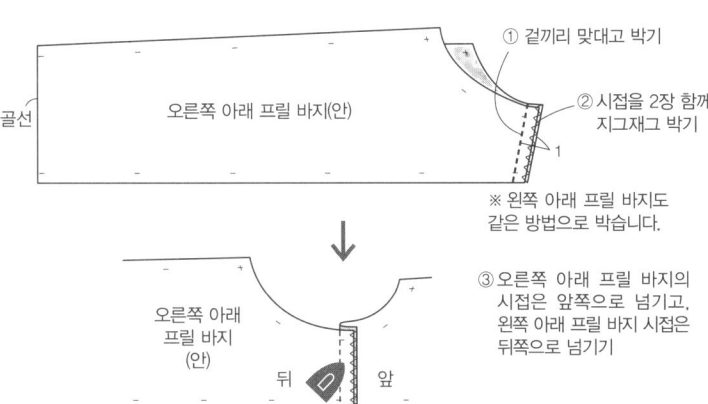

2 바짓단을 2번 접어서 박는다.

3 아래 프릴 바지에 주름을 잡는다.

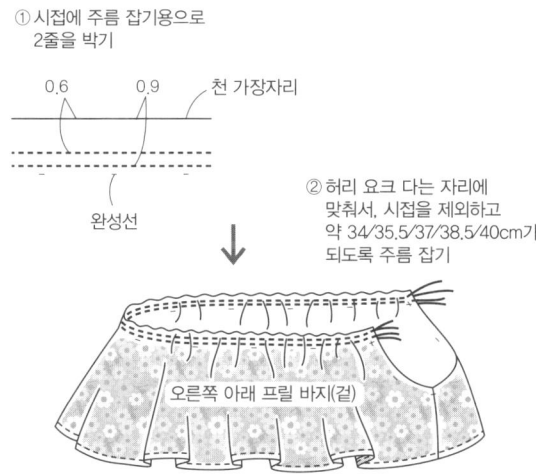

4 아래 프릴 바지와 허리 요크를 잇는다.

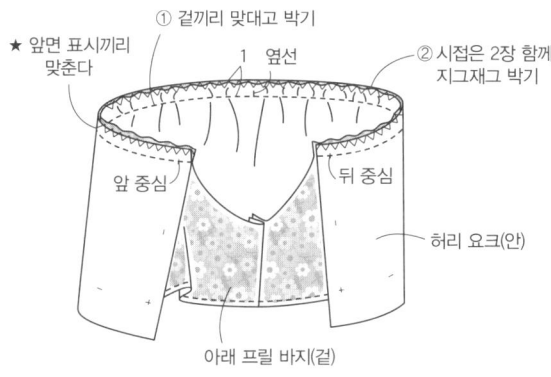

※ 다른 한쪽 바지도 같은 방법으로 박습니다.

5 바지 왼쪽과 오른쪽을 겉끼리 맞대고 밑위를 박는다.

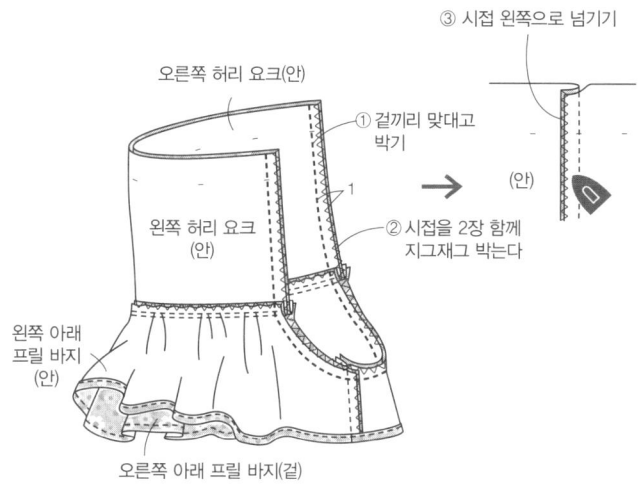

6 납작 고무줄을 고리 모양으로 박는다.

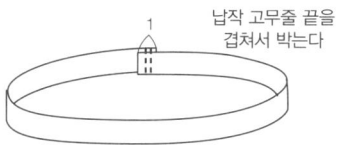

7 허릿단을 처리한다.

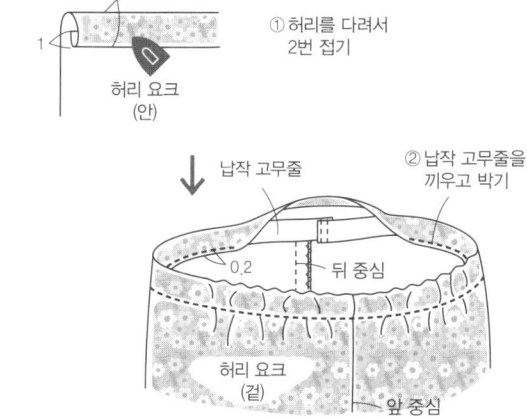

8 장식 단추를 단다.

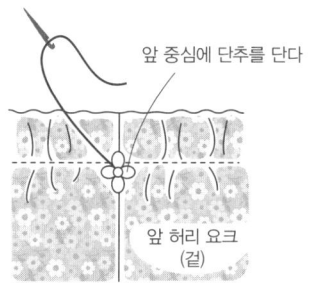

G-2 승마 바지(긴바지)

→ 29쪽
실물 크기 패턴 C면

재료 ※ 원단 필요량은 왼쪽에서부터 90 / 100 / 110 / 120 / 130 / 140 / 150 사이즈
겉감: 멀티 슬러브 쭈리(검정) 170cm 폭×75 / 80 / 85 / 90 / 95 / 105 / 110cm
별도 천: 민무늬 스판 후라이스(검정) 46cm W폭×30cm(공통)
2cm 너비 납작 고무줄 44 / 46 / 48.5 / 51 / 54 / 56.5 / 59.5cm
※ 니트용 재봉틀 바늘과 니트용 재봉실을 사용합니다.

바느질 순서 ※ 과정 2~7은 30·31쪽 참조
1. 주머니를 만들어서 단다.
2. 바지 앞판과 바지 절개 뒤판을 잇는다.
3. 바지 뒤판과 바지 앞판·바지 절개 뒤판을 잇는다.
4. 밑아래를 박는다.
5. 밑위를 박는다.
6. 허릿단을 만들어서 단다.
7. 바지 고무단을 만들어서 단다.

완성 치수
바지 기장 약 56.5 / 60.5 / 67 / 71 / 78 / 85 / 91cm

재단 배치도

멀티 슬러브 쭈리

민무늬 스판 후라이스

※ 원단 필요량은 위에서부터
90/100/110/120/130/140/150 사이즈
※ 정해진 곳 이외의 시접은 1cm

바느질 순서

1 주머니를 만들어서 단다.
① 지그재그 박기
② 1번 접어서 스티치 하기
③ 턱을 접어서 시접을 임시로 고정
④ 주머니 시접을 임시로 고정
⑤ 완성선대로 접어서 박기

2 바지 앞판과 바지 절개 뒤판을 잇는다.
① 바지 앞판과 뒤판을 겉끼리 맞대고 옆선 박기
② 시접은 2장 함께 지그재그 박기
③ 시접 바지 뒤판 쪽으로 넘기기

3 바지 뒤판과 바지 앞판·바지 절개 뒤판을 잇는다.

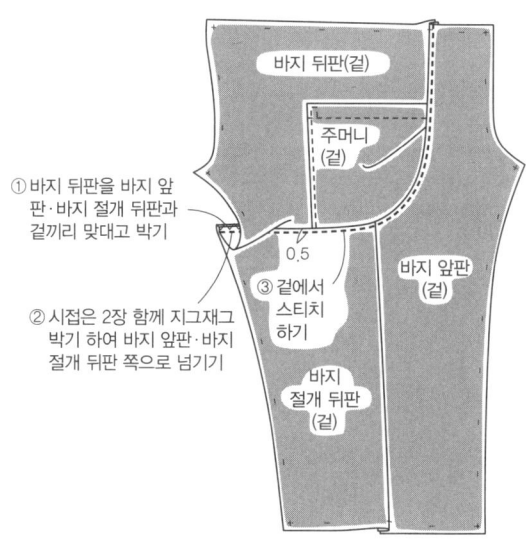

4 밑아래를 박는다.

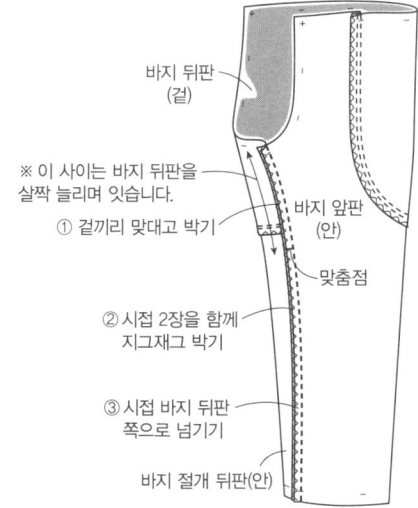

5 밑위를 박는다.

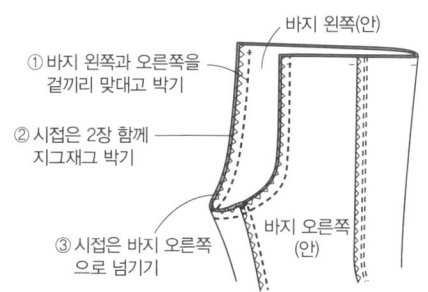

6 허릿단을 만들어서 단다.

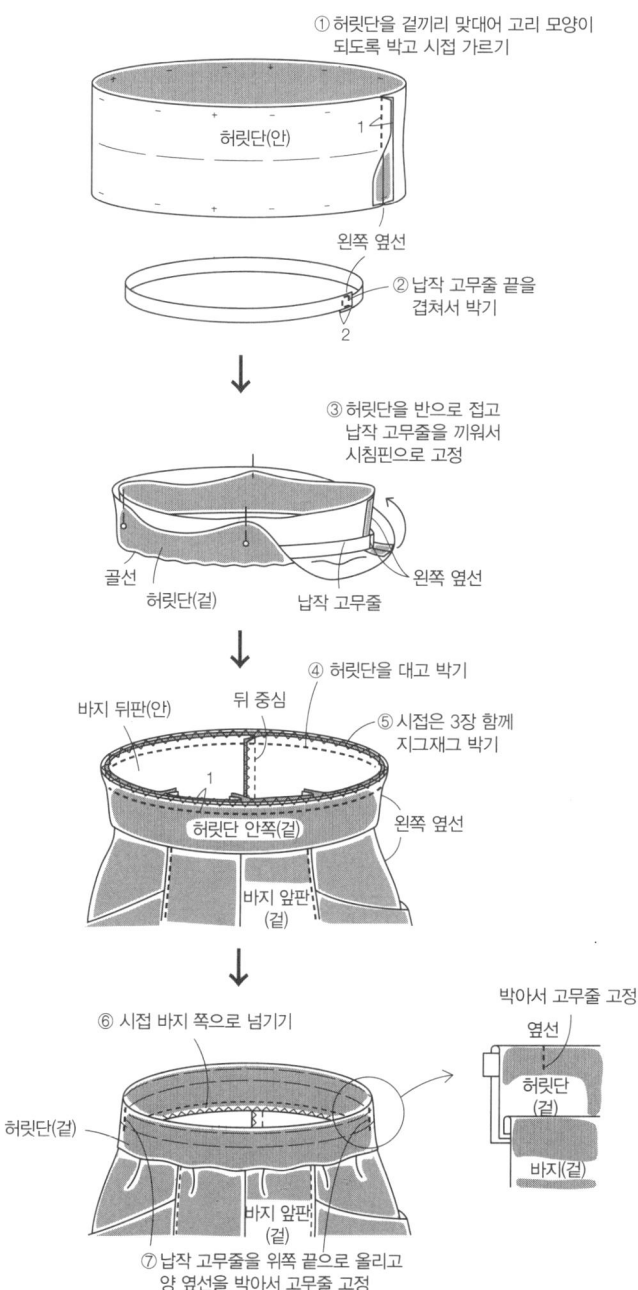

7 바지 고무단을 만들어서 단다.

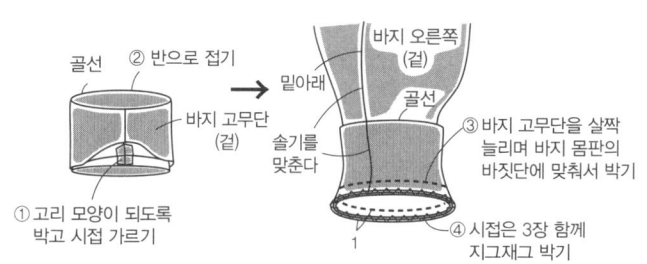

H-1,3 카고 바지(7부·긴바지)

→ 32·34쪽
실물 크기 패턴 D면

재료 ※ 원단 필요량은 왼쪽에서부터 90 / 100 / 110 / 120 / 130 / 140 / 150 사이즈
H-1(7부) 겉감: 민무늬 면(회색) 110cm 폭×75 / 80 / 90 / 110 / 120 / 135 / 150cm
H-1(7부) 별도 천: 민무늬 스판 후라이스(회색) 46cm W폭×30cm(공통)
H-3(긴바지) 겉감: 면마 데님(남색) 110cm 폭×95 / 100 / 110 / 160 / 170 / 180 / 190cm
0.6cm 너비 납작 고무줄 44 / 46 / 48.5 / 51 / 54 / 56.5 / 59.5cm 2줄

완성 치수
H-1(7부) 바지 기장 약 39.5 / 43.5 / 49.5 / 55.5 / 61.5 / 67.1 / 73.5cm
H-3(긴바지) 바지 기장 약 53.5 / 57.5 / 63.5 / 69.5 / 75.5 / 81.5 / 87.5cm

바느질 순서
1. 앞주머니를 만든다(35쪽-1 참조).
2. 바지 앞판의 바짓단을 박는다.
3. 옆·뒤 플랩을 만든다(36쪽-2 참조).
4. 옆주머니를 만든다(36쪽-3 참조).
5. 바지 뒤판을 만든다(36쪽-4 참조).
6. 바지 뒤판에 바지 고무단을 단다.
7. 옆선을 박는다.
8. 옆주머니와 옆 플랩을 단다(37쪽-6 참조).
9. 밑아래→밑위 순으로 박는다(37쪽-7·8 참조).
10. 허릿단을 만들어서 단다(37쪽-9 참조).
11. 납작 고무줄을 끼운다.

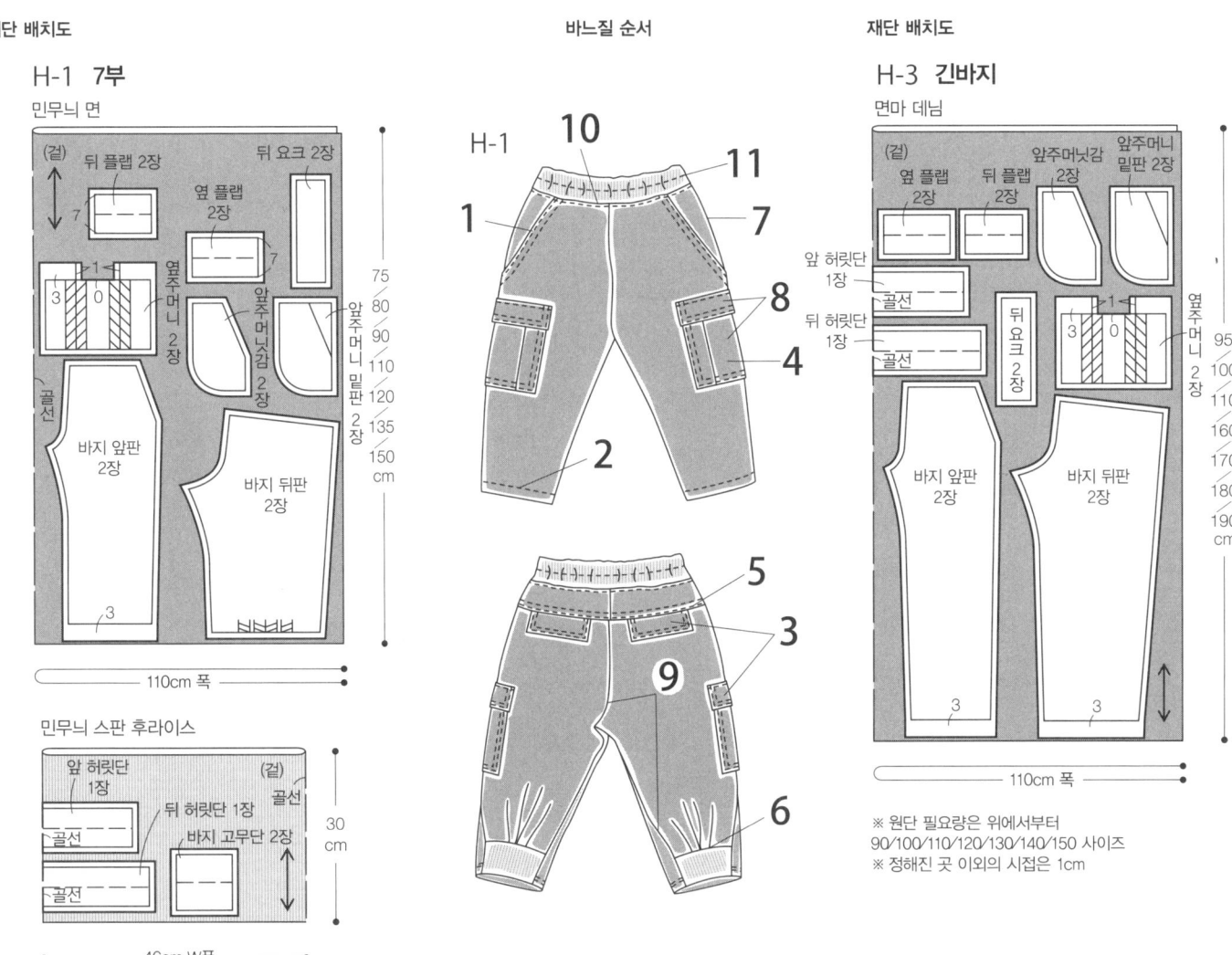

※ 원단 필요량은 위에서부터 90/100/110/120/130/140/150 사이즈
※ 정해진 곳 이외의 시접은 1cm

1 앞주머니를 만든다(35쪽-1 참조).

2 바지 앞판의 바짓단을 박는다.

7 옆선을 박는다.

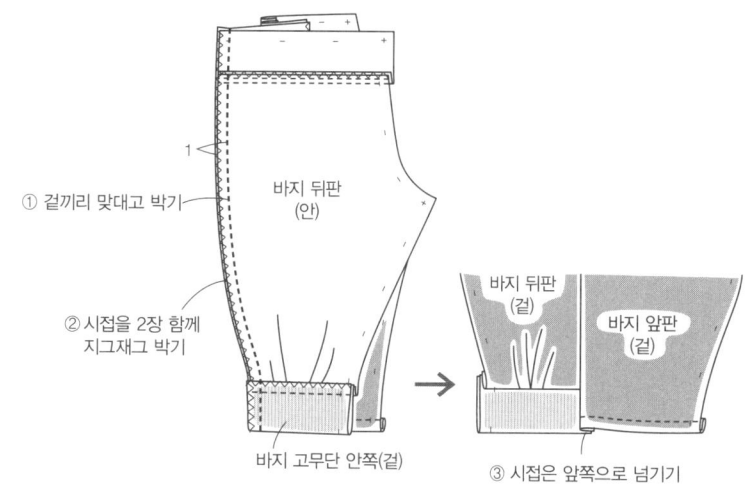

3 옆·뒤 플랩을 만든다(36쪽-2 참조).

4 옆주머니를 만든다(36쪽-3 참조).

5 바지 뒤판을 만든다(36쪽-4 참조).

6 바지 뒤판에 바지 고무단을 단다.

8 옆주머니와 옆 플랩을 단다(37쪽-6 참조).

9 밑아래→밑위 순으로 박는다(37쪽-7·8 참조).

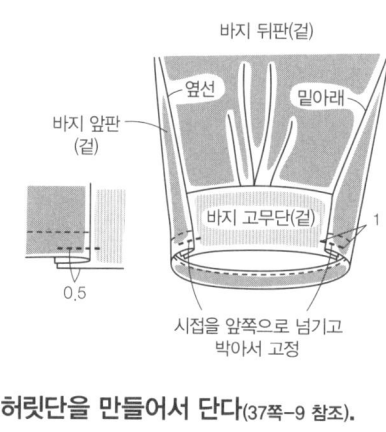

10 허릿단을 만들어서 단다(37쪽-9 참조).

11 납작 고무줄을 끼운다.

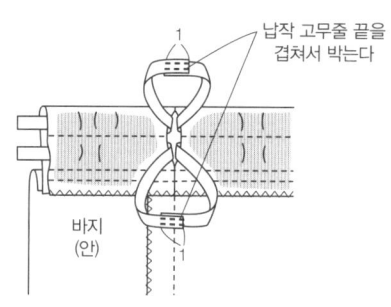

I-1 플레어 바지(주머니 장식)

→ 38쪽
실물 크기 패턴 C면

재료   ※ 원단 필요량은 왼쪽에서부터 90 / 100 / 110 / 120 / 130 사이즈
겉감: 꽃무늬 면(연한 파랑 계열) 110cm 폭×110 / 120 / 130 / 150 / 200cm
별도 천: 민무늬 쭈리(파랑) 70cm 폭×50cm(공통)
2.5cm 너비 납작 고무줄 44 / 46 / 48.5 / 51 / 54cm

바느질 순서
1. 주머니를 만들어서 단다.
2. 옆선을 박는다.
3. 밑아래를 박는다.
4. 밑위를 박는다.
5. 허리 리본을 만든다.
6. 허리 리본을 끼워서 허릿단을 박는다(71쪽 참조).
7. 허릿단을 단다(71쪽 참조).
8. 바짓단을 1번 접어서 박는다(71쪽 참조).
9. 납작 고무줄을 끼운다(71쪽 참조).

완성 치수
바지 기장 28.5 / 30.5 / 34 / 35.5 / 38cm

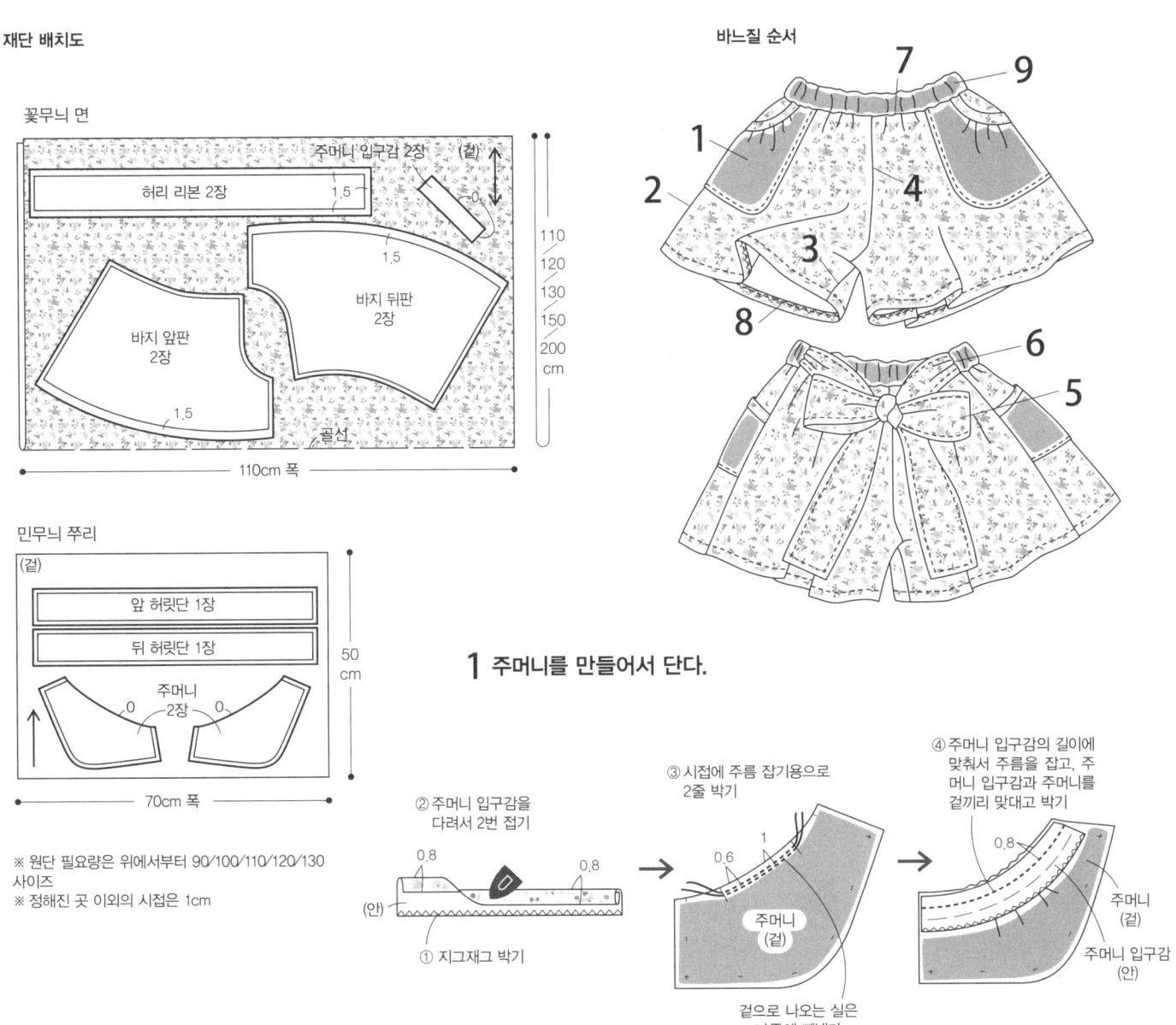

1 주머니를 만들어서 단다.

※ 원단 필요량은 위에서부터 90/100/110/120/130 사이즈
※ 정해진 곳 이외의 시접은 1cm

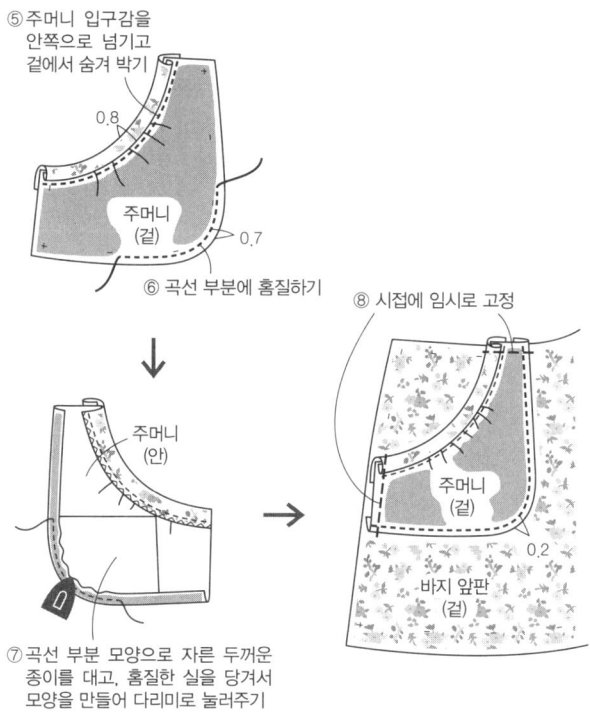

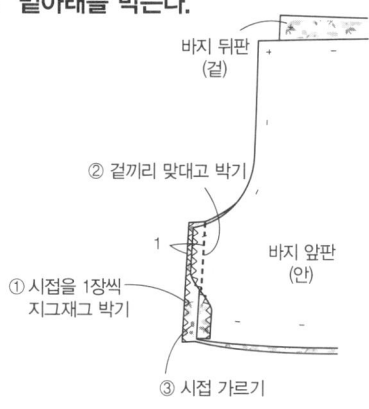

3 밑아래를 박는다.

2 옆선을 박는다.

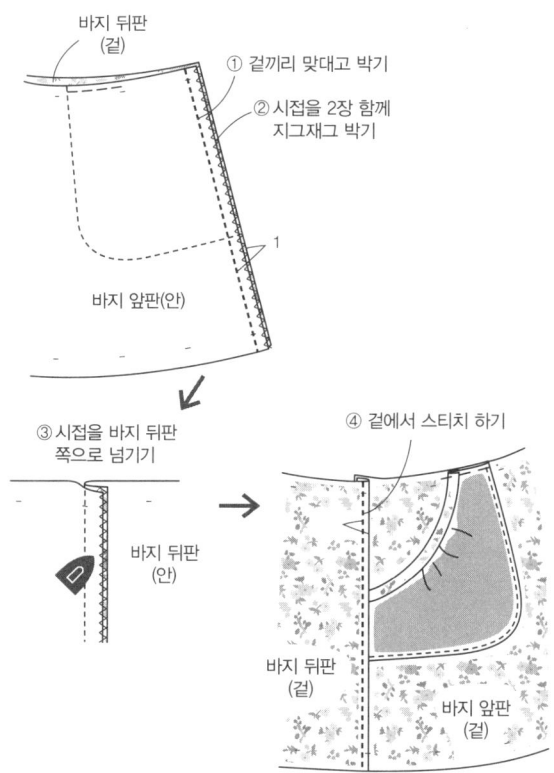

4 밑위를 박는다.

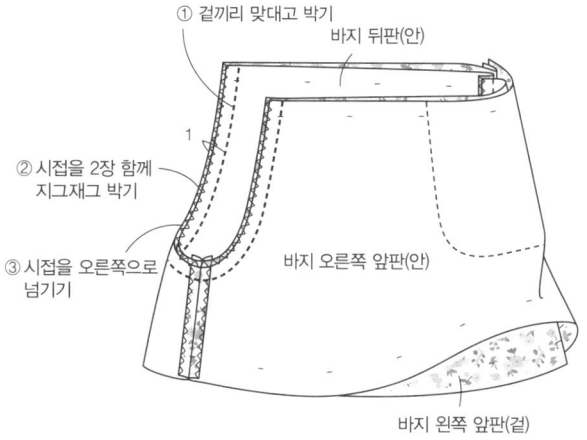

5 허리 리본을 만든다.

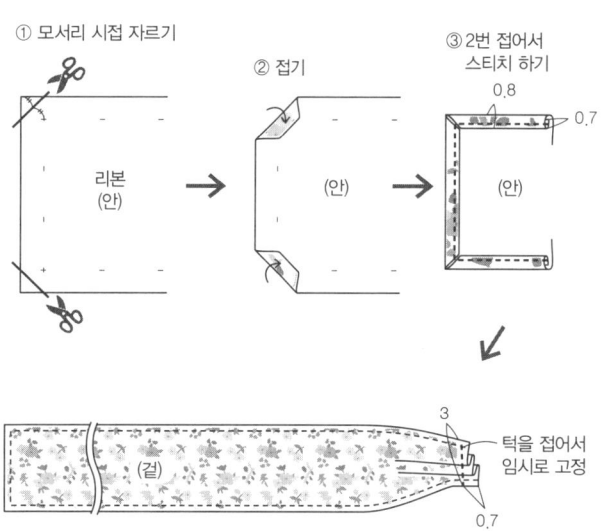

6~9는 71쪽과 같다.

69

I-2 플레어 바지(오건디 덧치마)

→ 39쪽
실물 크기 패턴 C면

재료 ※ 원단 필요량은 왼쪽에서부터 90 / 100 / 110 / 120 / 130 사이즈
겉감: 체크무늬 선염(연한 파랑) 110cm 폭×130 / 140 / 150 / 170 / 220cm
별도 천: 오건디(연한 파랑) 120cm 폭×75 / 75 / 80 / 85 / 90cm
2.5cm 너비 납작 고무줄 44 / 46 / 48.5 / 51 / 54cm

바느질 순서
1. 밑아래와 옆선을 박는다.
2. 밑위를 박는다(69쪽 참조).
3. 덧치마를 만든다.
4. 바지에 덧치마를 단다.
5. 허리 리본을 만든다(69쪽 참조).
6. 허리 리본을 끼워서 허릿단을 박는다.
7. 허릿단을 단다.
8. 바짓단을 1번 접어서 박는다.
9. 납작 고무줄을 끼운다.

완성 치수
바지 기장 30.5 / 32.5 / 36 / 37.5 / 40cm

재단 배치도

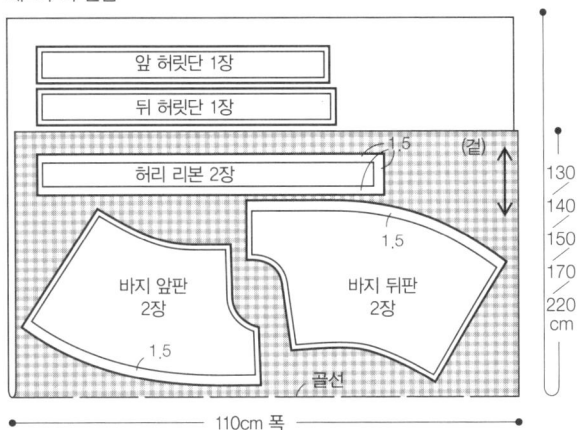

※ 원단 필요량은 위에서부터 90/100/110/120/130 사이즈
※ 정해진 곳 이외의 시접은 1cm

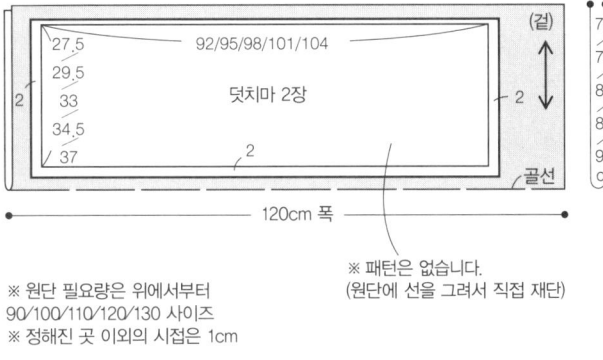

※ 패턴은 없습니다.
(원단에 선을 그려서 직접 재단)

바느질 순서

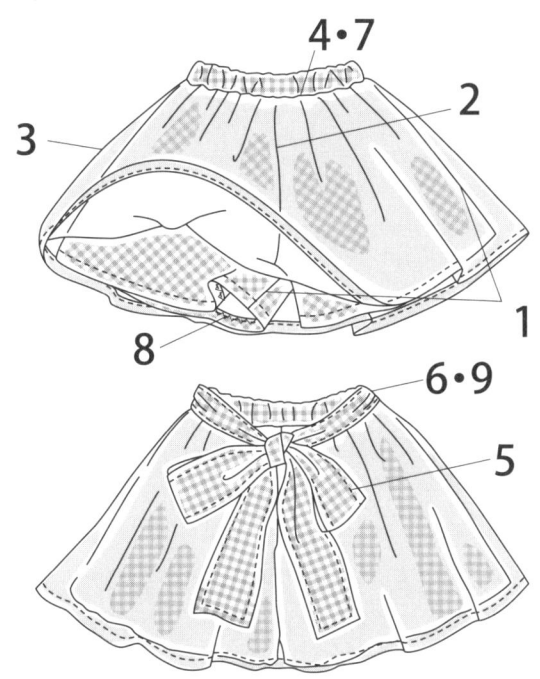

1 밑아래와 옆선을 박는다.

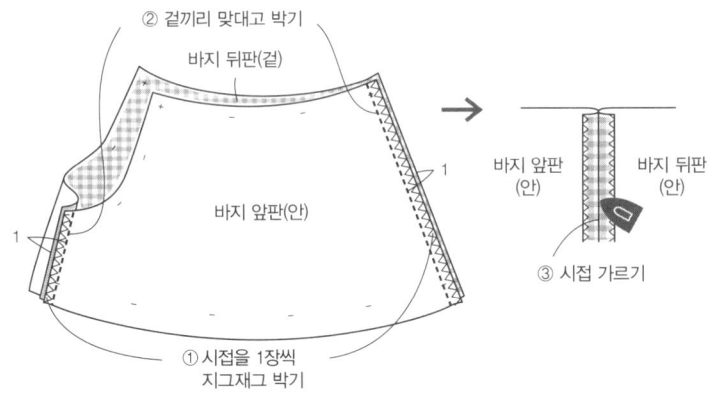

2 밑위를 박는다(69쪽 참조).

3 덧치마를 만든다.

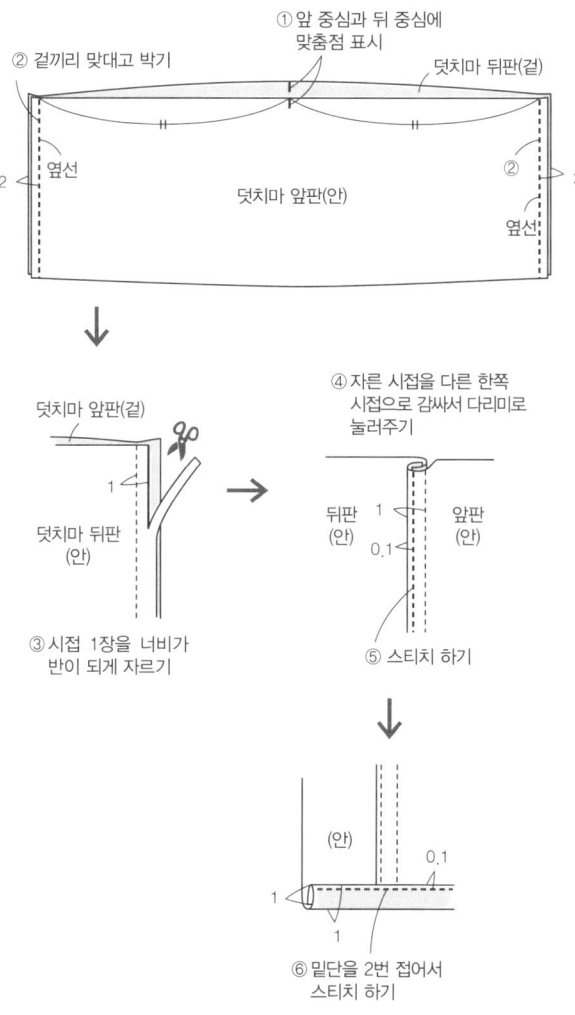

4 바지에 덧치마를 단다.

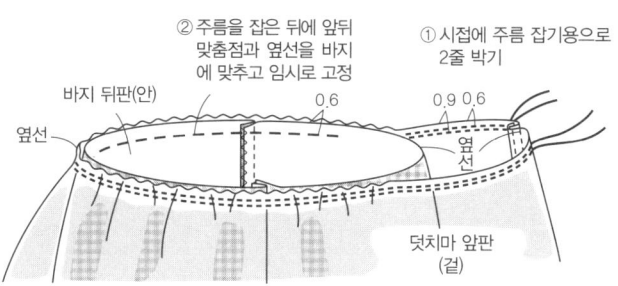

5 허리 리본을 만든다(69쪽 참조).

6 허리 리본을 끼워서 허릿단을 박는다.

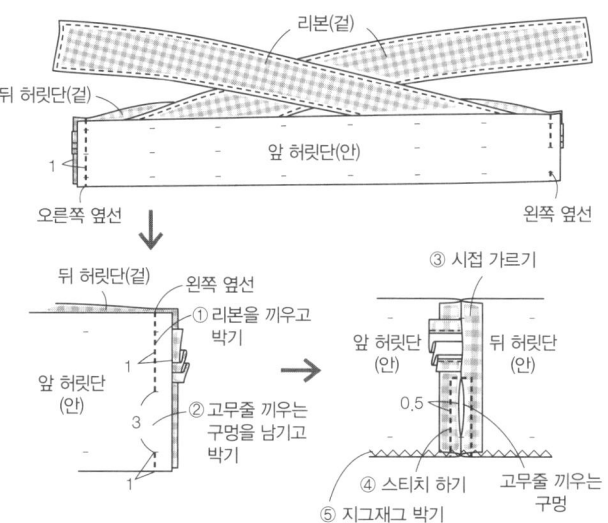

7 허릿단을 단다.

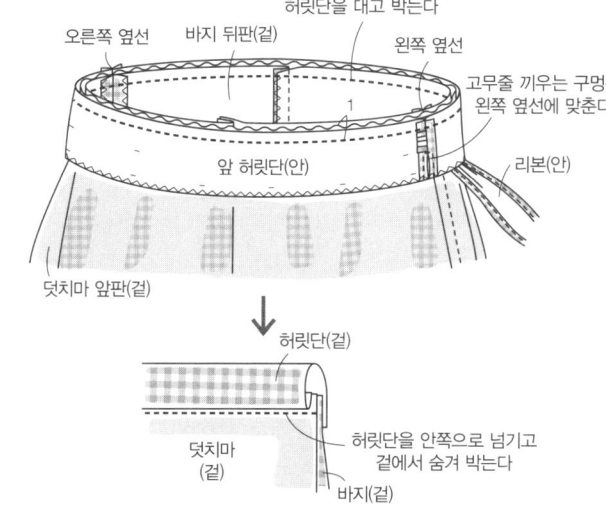

8 바짓단을 1번 접어서 박는다.

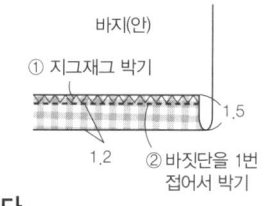

9 납작 고무줄을 끼운다.

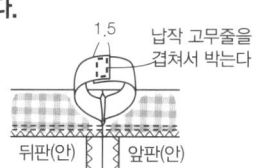

KAWAII KIDS NO TEIBAN PANTS(NV80483)
Copyright © NIHON VOGUE-SHA 2015
All rights reserved.
First published in Japan in 2015 by Nihon Vogue Co., Ltd.
Photographer : Yukari Shirai, Makiko Shimoe
Designers of the projects in this book : toco., enanna, inori pattern, Sa-Rah, COZY, Mahoe Anela, muni, amie-poche, Candy Floss

This Korean edition is published by arrangement with Nihon Vogue Co., Ltd, Tokyo
in care of Tuttle-Mori Agency, Inc., Tokyo through Botong Agency, Seoul, Korea

이 책의 한국어판 저작권은 Botong Agency를 통한 저작권자와의 독점 계약으로 한스미디어가 소유합니다.
저작권법에 의하여 한국 내에서 보호를 받는 저작물이므로 무단전재와 복제를 금합니다.

* 이 책에 작품이 실린 작가들의 인터넷 주소

toco.	http://tukuru777.shop-pro.jp/
enanna	http://enanna.shop-pro.jp/
inori pattern	http://inorihandmade.com/
Sa-Rah	http://sa-rah.net/
COZY	http://www.rakuten.co.jp/zizicote/
Mahoe Anela	http://mahoeanela.com/
muni	http://muni-pattern.shop-pro.jp/
amie-poche	http://amie-poche.com/
Candy Floss	http://candyfloss.shop-pro.jp/

귀여운 아이 바지 만들기

1판 1쇄 인쇄 | 2016년 4월 19일
1판 1쇄 발행 | 2016년 4월 26일

지은이 일본보그사 편
옮긴이 남궁가윤
펴낸이 김기옥

실용본부장 박재성
편집 류인경, 이나리
영업 김선주
커뮤니케이션 플래너 손혜인
지원 고광현, 김형식, 김주현

디자인 제이알컴
인쇄·제본 (주)상지사 P&B

펴낸곳 한스미디어(한즈미디어(주))
주소 121-839 서울시 마포구 양화로 11길 13(서교동, 강원빌딩 5층)
전화 02-707-0337 | 팩스 02-707-0198 | 홈페이지 www.hansmedia.com
출판신고번호 제 313-2003-227호 | 신고일자 2003년 6월 25일

ISBN 978-89-5975-973-6 13590

책값은 뒤표지에 있습니다.
잘못 만들어진 책은 구입하신 서점에서 교환해드립니다.